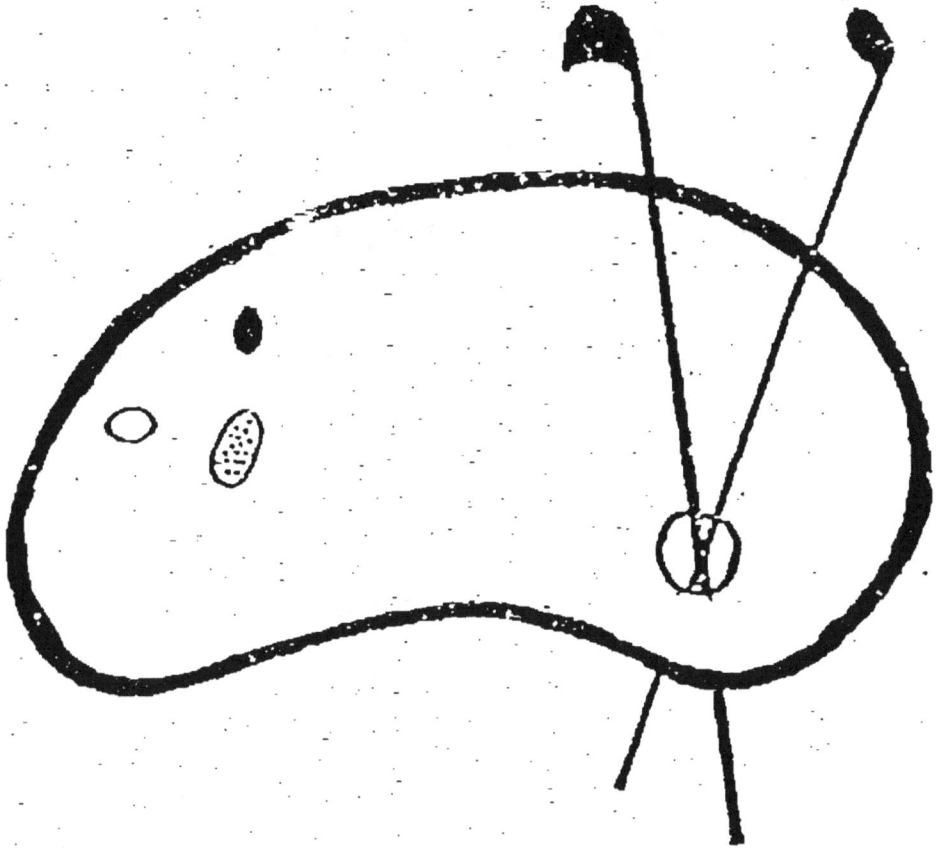

DEBUT D'UNE SERIE DE DOCUMENTS
EN COULEUR

LE
SPIRITISME

DEVANT LA SCIENCE

ET LE

MATÉRIALISME MÉCANICISTE

DEVANT LA RAISON

PRIX : 1 FRANC 50

PARIS

LIBRAIRIE DES SCIENCES PSYCHOLOGIQUES

RUE NEUVE-DES-PETITS-CHAMPS, 5

—

1880

A LA MÊME LIBRAIRIE :

Paris, typ. de M. DÉCEMBRE, 326, rue de Vaugirard.

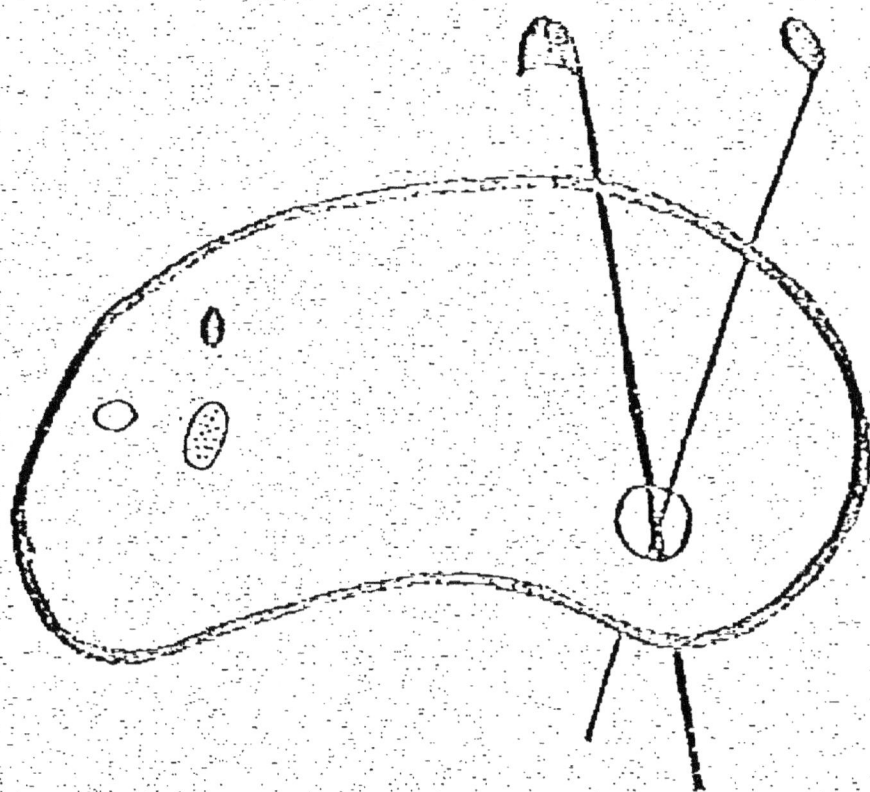

LE

SPIRITISME

DEVANT LA SCIENCE

ET LE

MATÉRIALISME MÉCANICISTE

DEVANT LA RAISON

PARIS

LIBRAIRIE DES SCIENCES PSYCHOLOGIQUES

RUE NEUVE-DES-PETITS-CHAMPS, 5

—

1880

AVERTISSEMENT DE L'ÉDITEUR.

On a réuni ici plusieurs écrits de différents auteurs :

1° *Deux lettres adressées par M. Ch. Fauvety à
M. Ch. de Rappard* rédacteur-directeur de la revue
allemande : « *Licht, mehr Licht! (de la lumière, plus
de lumière!)* » et publiées en allemand en même
temps qu'elles paraîtront en français dans cette brochure.

Ces deux lettres ont été écrites en réponse à deux
articles de M. Jules Soury qui ont paru dans la *République Française,* des 7 et 8 octobre 1879 ;

Dans la première de ces lettres, M. Ch. Fauvety
s'applique à réfuter les accusations portées par
MM. Wundt et J. Soury contre les spirites et les
hommes de science qui s'occupent sérieusement des
phénomènes du spiritisme ;

Dans la seconde, l'auteur s'attaque au transformisme matérialiste. Après l'avoir mis en parallèle avec
le spiritisme, il montre que le spiritisme n'est pas
moins scientifique que le transformisme, et que ses
conclusions sont à la fois plus rationnelles, plus morales et infiniment plus consolantes ;

2º *Les deux articles de M. J. Soury*, qui ont provoqué cette réfutation et cette critique du matérialisme mécaniciste. — Il était en effet convenable de de mettre les pièces du procès sous les yeux du public, juge en dernier ressort;

3º *Une lettre de Madame G. Cochet* adressée à M. Jules Soury, dont l'auteur, peu au courant des choses de la presse, avait espéré l'insertion dans le journal qui avait publié l'attaque.

À ce qui précède, on a joint à titre de documents :

A. *Quelques pages empruntées à un livre fort intéressant* de M. A. Vacquerie, *les Miettes de l'histoire*, où le directeur du *Rappel* raconte les premiers phénomènes de communication spirite dont il fut témoin à Jersey, dans la maison de Victor Hugo, avec Madame Émile de Girardin (Delphine Gay), en 1853.

B. Lettre de l'éminent électricien C. F. Varley, membre de la société royale de Londres, au célèbre professeur J. Tyndall, sur la réalité des faits dont il a été témoin et sur lesquels sont basées ses convictions spiritualistes;

C. Lettre du savant naturaliste A. Russel Wallace, membre de la société royale de Londres, témoignant de ses croyances aux communications spirites;

D. Notes du chimiste William Crookes, membre de la société royale de Londres, sur ses recherches expérimentales relatives à la force psychique et aux phénomènes du spiritisme.

Une conclusion termine le tout,

LE SPIRITISME DEVANT LA SCIENCE

—

RÉPONSE
A
MM. G. WUNDT ET JULES SOURY

Deux lettres écrites à M. Ch. de Rappard
par M. Ch. Fauvety.

———

Vous m'avez demandé ce que je pensais de l'article *Spirites et Savants*, publié dans *la République française* des 7 et 10 octobre, et vous m'avez invité à y répondre dans votre estimable journal. Je le fais volontiers, d'abord pour protester, au nom de la vérité qu'on outrage, ensuite parce que, sans accepter les conclusions du spiritisme en ce qui concerne l'intervention des esprits, et tout en réservant sur ce point mon jugement, j'en partage généralement les doctrines et les croyances.

Cet article où l'on voit deux hommes autorisés, l'un en Allemagne, l'autre en France, s'unir pour *tomber* le spiritisme, a toute la valeur morale d'un

procès de tendance. Le parti-pris y est évident.
Quand M. Guillaume Wundt a dit: *Tue*, M. Jules
Soury renchérit et dit: *assomme*! Ossa sur Pel-
lion: c'est d'un fort poids, et, vraiment, si le spiritisme ne se trouve pas écrasé du coup, il faudra
bien admettre que l'esprit n'est pas absolument
soumis aux lois de la pesanteur et qu'il y a autre
chose dans le monde que de la matière.

Observez que la question intéresse toutes les
opinions, toutes les croyances qui ne sont pas ex-
clusivement matérialistes, car M. J. Soury confond dans un même anathème le spiritisme ou
spiritualisme expérimental et le spiritualisme métaphysique; l'animisme, sous toutes ses formes, et
toutes les doctrines qui, soit au nom de la raison
et de la morale, soit au nom de la foi religieuse,
concluent à l'immortalité de l'âme. Ecoutez-le
parler: « Cette conception du monde, dit-il, qui se
résume assez bien dans le mot *animisme*, n'est plus
à notre époque qu'un cas d'atavisme intellectuel,
une survivance inconsciente des idées de nos plus
lointains ancêtres, la marque d'un état de civilisation que n'ont point dépassé les sauvages de nos
jours. »

Ainsi ceux qui, ainsi que nous le faisons nous-
mêmes, conçoivent l'univers comme un immense
organisme *animé, vivant* et se possédant dans
l'unité d'une raison consciente, qui domine tous les
rapports, pour les faire concourir à une fin utile à
l'innombrable république des êtres, selon cette

définition du principe de solidarité : *tous pour chacun et chacun pour tous;* — ceux-là ne sont pas sortis de l'état sauvage. Pour être digne de vivre, comme dit Haeckel, « au siècle des chemins « de fer et des télégraphes, de l'analyse spectrale « et du darwinisme, au *siècle de l'interprétation* « *de la nature au point de vue moniste* (sic), « il faut accepter la conception *mécanique* du « monde, bannir de la nature toute finalité et « mettre partout l'aveugle nécessité à la place « des causes finales. » Car, ajoute M. Jules Soury, « la morphologie moderne est inconciliable, je ne « dis pas seulement avec le dogme de la création, « mais avec celui de la providence ou d'un vague « Panthéisme idéaliste à la manière de Hégel, de « Schopenauer ou de Hartmann (1). »

Quant au spiritualisme métaphysique de l'école, il est inconséquent lorsqu'il n'aboutit pas, nous dit encore M. J. Soury, à la croyance aux esprits, et il rappelle à ce propos « que M. Ernest Bersot a déclaré, en bon spiritualiste, que la communication directe d'esprit à esprit, prise en elle-même, n'a rien qui le choque. »

Nous pensons exactement sur ce point comme M. Bersot et nous ajoutons, en outre, que nous avons eu vingt fois la preuve du fait par le magnétisme. La communication de pensée entre le

(1) Jules, Soury préface de la traduction du livre de Haeckel : *Les preuves du transformisme.*

magnétiseur et son sujet est chose commune et peut être regardée comme acquise à la science.

Mais n'allez pas parler à M. Jules Soury des phénomènes du magnétisme, du somnambulisme et de l'extase. Toutes ces manifestations psychiques qu'il est si facile de provoquer, toutes ces expériences tant de fois constatées depuis cent ans que l'enquête est ouverte (1) : catalepsie instantanée, insensibilité physique, oubli au réveil, prévision et vue à distance, communication de pensée, abdication de la volonté chez le sujet, même en état de veille, M. Jules Soury se croit autorisé à n'en faire aucun compte. Rien ne l'empêcherait d'étudier *de visu* ces phénomènes. Il y

(1) Le mémoire de Mesmer *sur la découverte du magnétisme* fut publié à Paris juste l'année 1779. Depuis ce temps-là, et surtout depuis la découverte du somnambulisme artificiel par Puységur (1785), la pratique du magnétisme s'est beaucoup perfectionnée. Mais il est toujours méconnu par nos académies, celle des sciences et surtout celle de médecine. Aux yeux de l'académie des sciences, Mesmer avait le tort d'introduire dans l'explication du cosmos une théorie qui mettait en question la théorie purement machiniste des géomètres; aux yeux de l'académie de Médecine et de toutes les facultés, Mesmer avait un tort plus grave encore. Il prétendait que le magnétisme guérirait directement les maladies de nerfs, indirectement presque toutes les autres, et qu'on pourrait ainsi se passer des médecins! Ceci ne pouvait être pardonné.

a dans Paris grand nombre de magnétisants qui
se feraient un devoir de les lui montrer. Il aime
mieux s'en tenir aux conclusions du rapport de
Bailly, présenté à l'Académie en 1784, et attribuer
les faits « à certains états d'esprit, tels que
l'imagination, l'imitation, les attouchements et
enfin l'état névropathique des sujets. » Mais,
cher monsieur, lors même que les faits seraient
produits par les causes puériles que vous indiquez,
ils n'en existeraient pas moins et il conviendrait
d'abord de les constater. — Et puis, que dirait-on
d'un homme qui, pour se mettre, à l'heure qu'il est,
au courant de la chimie ou de l'histologie, s'en
tiendrait à un jugement porté par des académiciens
en l'année 1784 !

On ne peut accuser M. Jules Soury d'ignorance ;
nous ne voudrions pas douter de sa bonne foi,
mais il nous permettra bien de trouver qu'il a
toute l'intolérance du sectaire et que son fanatisme scientifique l'aveugle lorsqu'il dénonce les
spirites comme les alliés naturels du cléricalisme.
Il est vrai qu'il met les spirites en nombreuse
compagnie en leur associant tout ce qui, dans le
monde, est atteint de quelque foi religieuse. Citons
ses paroles : « Ces *adaptations pathologiques*
« *de l'Ame*, comme Haeckel désigne les religions,
« possèdent les plus profondes affinités avec le
« spiritisme, et cela, aujourd'hui encore, en dépit
« des anathèmes et des exorcismes des Eglises...
« Bref, la plupart des croyants catholiques, pro-

« testants ou juifs, sont au fond, en secret, favo-
« rables au spiritisme, « car tout sert en ménage,
« comme l'a fort bien dit M. Bersot. »

Une telle accusation est évidemment absurde,
mais elle est surtout fort maladroite, et on s'é-
tonne de la voir figurer dans un journal qui représente l'union des esprits sur le terrain de la
République. On se demande pourquoi la noble
pensée de conciliation sociale, qui a toujours inspiré la politique du journal de M. Gambetta, n'en
inspire nullement la science, et l'on ne s'explique
pas que la troisième page vienne ainsi détruire,
comme à plaisir, les efforts faits à la première
pour maintenir le faisceau de toutes les nuances
de la démocracie.

On n'est nullement autorisé à regarder tous les
croyants et pratiquants du catholicisme comme
des cléricaux. Il faut bien peu connaître les
hommes pour vouloir les classer ainsi selon la
logique des principes. Quand un principe est
faux, il n'y a que les fous et les esprits spécu-
latifs, savants, théologiens ou philosophes qui en
tirent les conséquences extrêmes et aillent jusqu'au bout. Heureusement, chez le plus grand
nombre des mortels, le sens commun domine la
logique, et il existe, en fait, non-seulement un
catholicisme libéral, mais une démocratie catho-
lique fort nombreuse et ouverte à tous les progrès.
Quant aux protestants et aux juifs, tous, qu'ils
soient libéraux ou orthodoxes, sont, de naissance

et par tradition, les adversaires du papisme, et, par
conséquent, du cléricalisme. Ils sont payés pour
cela. Lisez l'histoire !

Mais ce n'est ni chez les croyants du catholicisme, ni chez les juifs, ni chez les protestants, que
le spiritisme recrute ses adeptes, c'est, au contraire,
parmi les libres-penseurs ; et que M. Jules Soury
l'apprenne, s'il ne le sait pas, en devenant spirites,
ils ne cessent pas, pour cela, d'être libres-penseurs. Nous lui expliquerons ce mystère tout-à-
l'heure en lui prouvant que le spiritisme, dans ses
doctrines, n'est pas moins scientifique que le transformisme ; qu'il est, comme ce dernier, opposé au
surnaturel, rejette absolument le miracle, explique, mieux qu'on ne l'a fait jusqu'ici, l'action de
l'âme sur le corps et soumet tous les rapports,
qu'ils soient physiques ou animiques, matériels
ou spirituels aux lois de la nature et de la raison.
Pour le moment, je veux seulement faire remarquer combien il est maladroit, au point de vue
politique, de vouloir rejeter ainsi, malgré qu'ils
en aient, dans le camp de la réaction, des gens
qui n'auraient que le tort d'être trop avancés,
s'ils n'avaient celui de comprendre les choses
du monde physique, et peut-être aussi du monde
moral, autrement que cette poignée de savants,
qui, en dehors de leur spécialité de chimistes,
de physiciens ou de naturalistes, ne sont très souvent que des ânes ou des esprits faux. C'est
pourquoi je ne puis m'empêcher de flétrir, en pas-

sant, l'outrecuidance d'un *scientisme* qui ne se
rend pas même compte de ses ignorances, privé
qu'il est de méthode, de principes, de précision
dans le langage, de critère de certitude et même
de sens commun et qui prétend régenter les intelligences au nom de la science comme d'autres
l'ont fait au nom de la foi. La science aurait son
orthodoxie ! Ah ! non, assez d'inquisition comme
cela ! Après avoir rejeté celle du prêtre, nous ne
voulons pas avoir à subir celle du mandarin.
Nous savons trop dans quel immobilisme et dans
quelle pourriture le *mandarinisme* a conservé la
Chine depuis tantôt deux mille ans.

J'ignore si M. J. Soury est ce qu'on appelle de nos
jours *un savant*, — il parle assez grec pour cela, —
mais, à coup sûr, ce n'est pas *un philosophe*.
S'il était philosophei, il saurait que toute conception
générale doit aboutir à une pratique sociale et il es-
saierait d'appliquer sa conception *transformiste*
à la société contemporaine. Il se dirait que si le
transformisme est vrai, il faut en suivre les lois en
sociologie comme en histoire naturelle et il com-
prendrait que la pensée humaine et, avec elle,
la forme religieuse, partie, comme l'être terrestre,
des points les plus bas, doit monter aux degrés
les plus élevés, mais ne peut le faire que successivement et d'étape à étape. Enfin, s'il était philosophe, il saurait que ce qu'il appelle, avec son
maître Haeckel, « les adaptations pathologiques
de l'âme, » (en langue vulgaire *les religions*), sont

des faits sociaux qui, pathologiques ou non, se modifient avec l'état mental des populations, et il conseillerait à ses amis politiques de prendre les idées religieuses au point où elles en sont de leur développement, pour les faire concourir, en tant que forces sociales, — car, en politique, il n'y a que des forces à associer et à conduire, — à l'œuvre nationale et humanitaire qui incombe à la République, tout en aidant les religions à se *transformer progressivement* dans le sens des principes éternels de la Raison et des conquêtes de la science. Du reste, ce travail de transformation se fait de lui-même. Il y a lieu d'y aider par l'éducation et l'expansion des lumières; mais le courant y est, et il serait irrésistible, s'il n'était entravé par les terreurs qu'inspirent les théories matérialistes qui se débitent sous le couvert de la science et qui la déshonorent. Les véritables alliés du cléricalisme, ce sont les gens qui professent ces théories dans les journaux, dans les revues, dans les livres, d'où elles débordent dans les romans, dans les théâtres, pour se répandre ensuite dans les mœurs et les corrompre.

Car, qu'on ne s'y trompe pas, toute conception générale, incapable de fournir des motifs d'action à la vie morale et une sanction positive aux lois de la conscience, ne peut être qu'une source de démoralisation et, par suite, de dissolution sociale. Le matérialisme est dans ce cas, et tout particulièrement le matérialisme tout naturiste de

Haeckel La nature est inconsciente. Elle ne saurait
féconder la vie morale. On l'a assez vu par les
religions naturistes du passé. Ce n'est pas en y
ajoutant la fatalité d'un *Devenir* qui fait de la vie
le phénomène d'un jour sans lendemain et l'exemple des êtres se dévorant entre eux pour se faire
vivre et satisfaire leurs ardeurs bestiales d'accou-
plement et de reproduction, que vous trouverez
dans la nature un idéal de progrès social et de moralité. Vous ne trouverez là que le *naturisme* de
M. Zola et les mœurs qu'il dépeint si fidèlement,
les mœurs du haut et du bas, au sein de la société
la plus civilisée du monde.

✦ ✦ ✦

Cependant il nous faut mettre au courant de
la question les personnes qui n'ont pas lu le fac-
tum de M. Jules Soury. Nous aurions même dû
commencer par là.

Cela ressemble fort à l'instruction d'un procès
criminel. La chose pourrait s'appeler : « *Affaire
Slade, Zœllner et Consorts.* » Le principal coupable serait le medium américain Slade, accusé
d'avoir usé de prestiges et de sortiléges pour faire
croire à l'existence des esprits ; l'astronome Zœllner serait prévenu de complicité, pour avoir publié
comme réels, des faits imaginaires, et, après lui,
plusieurs savants, notamment les professeurs
G. Weber et Th. Fechner, seraient inculpés de

faux témoignage pour avoir attesté la réalité des phénomènes décrits par ledit Zœllner. Sur ces deux personnages, l'accusation fait remarquer que Zœllner, « dans les expériences *qu'il croit* avoir instituées, — ce mot « *il croit* » est magnifique! — n'oublie jamais de présenter ces savants illustres comme des témoins de ses expériences, et de fait, le témoignage de pareils hommes ne manquerait point de poids, si l'un n'était âgé de soixante-seize ans et l'autre de soixante-dix-neuf. »

Il faut savoir gré, sans doute, à l'accusation d'avoir donné l'âge avancé de ces deux éminents physiologistes comme devant infirmer la valeur de leur témoignage. Elle fournit ainsi à la défense une circonstance atténuante qu'elle ne manquera sans doute pas d'invoquer en leur faveur. L'accusation témoigne la même générosité et la même indulgence envers le vieux philosophe Ulrici, qui vient de publier, à Halle, une brochure de vingt-huit pages où il ose prendre la défense de Zœllner et soutenir la bonne foi de Slade. Au lieu de mettre Ulrici en cause, on se contente de conclure à un ramollissement du cerveau, expliqué par son grand âge et les habitudes métaphysiques de son esprit. « On ne réfute pas Ulrici, dit fort résolûment M. Jules Soury, car Ulrici raisonne très-bien, sa faculté syllogistique est excellente, et si ses conclusions sont fausses, c'est qu'il est parti de prémisses erronées;

mais — il y a un mais, naturellement, — si tout-à-
coup, à soixante-quatorze ans, un vieux professeur de philosophie abjure tous les principes des
sciences pour se jeter à corps perdu dans les
révélations des esprits frappeurs, il nous faut
bien admettre que cette évolution dernière avait
été preparée de longue main, qu'elle est la suite
de méthodes et d'habitudes d'esprit invétérées,
car on ne devient pas plus *spirite* qu'on ne
devient *aliéné*, sans prédisposition. »

Quant à Zœllner, qui est encore jeune, on
ne saurait lui trouver d'autre excuse que ses
prédispositions à la folie. « Quiconque, écrit
« l'aimable auteur du réquisitoire, a lu les pages
« que le savant astronome a consacrées à l'apolo-
« gie d'Henri Slade se sentira pris d'une compas-
« sion trop douloureuse pour effleurer, seulement
« d'une plume indiscrète, certains *ulcères phagé-*
« *déniques*, dont il ne dépend plus de personne
« d'arrêter le progrès et la marche fatale. » Bon
petit cœur, va! Ce qui n'empêche pas M. Jules
Soury d'écrire, à quelques lignes de distance : que
« ce puissant penseur finira peut-être par l'illumi-
« nisme et la folie lucide, » et encore, « que le ton
« lyrique que prend souvent Zœllner, sa prière au
« père des cieux étoilés, quelques légères incohé-
« rences dans le discours, le retour périodique des
« mêmes phrases et des mêmes idées, tout semble
« rappeler un état mental, qui peut d'ailleurs co-
« exister quelque temps avec une fructueuse

« activité scientifique dans le domaine de l'. to-
« nomie physique. »

C'est égal, convenez que c'est là une singulière
façon de faire de la critique dans le domaine des
idées. Au lieu de se donner la peine d'examiner
les faits, les principes, les raisonnements de ses
adversaires et de démontrer l'erreur de la thèse
qu'ils soutiennent, on plaide la folie ou l'idio-
tisme. Weber et Fechner, ramollis ! Ulrici, ramolli !
Zœllner, sur le chemin de la folie ! Déjà M. Jules
Soury avait découvert, à dix-huit siècles de distance, que Jésus-Christ était atteint d'aliénation
mentale lorsqu'il prêchait sur la montagne et
chassait les marchands du temple et que seul « le
gibet l'avait sauvé de la démence ». Est-ce que
tout cela est vraiment sérieux ? Est-ce quelque
gageure ou M. Jules Soury serait-il atteint lui-
même de monomanie lucide ?

Les complices de Slade, mis ainsi dédaigneuse-
ment hors de cause, en attendant qu'on les fasse
interdire, que va-t-il advenir du principal coupable, le véritable auteur du scandale ?

Pour celui-là, on s'en rapporte au jugement
porté sur lui par Haeckel dans son dernier ouvrage (1) et l'on en reproduit les termes : Slade,
déclare-t-on sans plus ample informé « n'est qu'un
« *vulgaire imposteur*, qui, après avoir fait une

_____

(1) Essais de psychologie cellulaire.

« grosse fortune chez les Anglais, est venu conti-
» nuer son métier d'*escroc* en Allemagne. »

Voilà donc un malheureux qui ne peut se dé-
fendre puisqu'il est parti pour l'Australie depuis
un an, flétri solennellement aux yeux du monde!

Mais, savez-vous, messieurs, que c'est là une
mauvaise action et que rien ne vous autorise à
infliger une telle flétrissure à un homme qui n'a
probablement d'autre tort que de gagner de l'argent, comme vous faites vous-mêmes, professeurs,
médecins et critiques, en aidant au progrès de la
science! Non, rien ne vous y autorise, car M. Slade,
incriminé à Londres, y a été acquitté après une
longue enquête; vous le savez, puisque, vous,
M. J. Soury, vous racontez longuement la chose
dans votre article. Depuis ce procès de Londres
et cet acquittement, des milliers de personnes, en
Belgique, en Hollande, en Allemagne, en Australie, ont assisté aux expériences de Slade et toutes
s'accordent à déclarer que les faits dont ils ont été
témoins, alors même qu'ils ne seraient pas dûs à
l'intervention des esprits, sont réels, constants,
indéniables. Parmi les personnes qui témoignent
de ces faits, il se trouve des savants, dont la parole
doit faire autorité. Vous citez vous-même les
noms de quelques-uns dont vous appréciez la compétence et l'honorabilité : « MM. Zœllner, W.
Weber, Fechner, Ludwig, Thiersche, nombre d'autres professeurs de la grande université allemande,
et, parmi eux, Guillaume Wundt. » lequel, pa-

rait-il, n'a assisté qu'à une seule séance, et c'est
celui-là justement qui élève des doutes et se plaint
qu'on n'ait pas *visité les manches de l'opéra-
teur*. Et pourquoi ne les a-t-il pas visitées lui-
même? Pourquoi, s'il n'était pas suffisamment édifié
par une première séance, n'assiste-t-il pas à une
seconde, à une troisième, à une quatrième, de façon
à éclaircir tous ses doutes, comme ont fait les professeurs qui témoignent, avec l'honorable Zœllner,
de la réalité des faits? Pourquoi? ah! c'est que
M. Wundt se trouve dans le cas de l'abbé de Ver-
tot, recevant *ses documents* après qu'il a écrit
l'histoire du siége de Malte : « Son siége est fait! »
Ce cas de M. Wundt est aussi celui de Haeckel et de
M. Jules Soury, celui de tant d'autres écrivains,
historiens, philosophes ou savants : leur siége est
fait, vous dis-je, ils n'en démordront pas. Ils ont
adopté une conception générale qui leur a suffi
jusque-là, ou bien ils ont inventé un système qui
les a illustrés, ou développé des doctrines dont
ils ont fort bien vécu, et après toute une vie passée
à professer glorieusement ce qu'ils croyaient la
vérité, il faudrait reconnaître qu'on s'est trompé,
revenir au doute philosophique, remettre sa conception générale sur le chantier; étudier à nouveau, — à soixante-douze ans, par exemple,
comme M. Wundt! — Et se résoudre à refaire son
entendement! non, c'est trop demander à cette
pauvre nature humaine, et connaissez-vous beaucoup de mortels capables d'un tel effort?

Eh bien, voilà pourquoi tous les corps savants, toutes les académies rechignent aux vérités nouvelles, et « voilà justement pourquoi votre fille est muette ! » Voilà aussi pourquoi M. Wundt a vu et n'a pas cru, pourquoi enfin le traducteur de Haeckel, qui a cru son *monisme matérialiste* menacé par le spiritisme, a lâché son réquisitoire.

La preuve de ce que j'avance, je la trouve dans le langage même de ces messieurs. « M. Wundt, nous dit M. Jules Soury, s'est donné la peine en terminant *sa lettre*, de montrer à Ulrici quelles seraient, pour les bonnes études, les funestes conséquences de pareilles doctrines... S'il n'existe point de lois naturelles, de lois d'airain, invariables, éternelles, universelles, au moins dans la partie du monde où nous sommes, il n'y a plus de science. »

« Toutes les méthodes scientifiques, dit-il encore, reposent, en effet, sur le principe de l'invariabilité des lois de la nature ; on admet comme *postulat* que telles conditions étant données, tels faits suivront invariablement.... Au contraire, les phénomènes spirites ignorent les lois de la physique et même ils affectent de les braver ! »

Nous avons ici le cri de désolation qui trahit la pensée secrète de l'auteur. M. Wundt a produit un système de psychologie physiologique qui lui paraît contredit par les phénomènes spirites ; peut-être se trompe-t-il ; peut-être a-t-il raison. En tous car, il n'est pas vrai que ces phénomènes soient contraires *aux véritables lois* de la physique; seulement ces lois, nous ne les connaissons pas toutes et s'il était plus désintéressé dans la question, M. Wundt verrait qu'il s'agit ici, non pas de lois méconnues ou violées, mais de forces inconnues qui se manifestent et dont il reste à rechercher les lois.

Au surplus, nous connaissons les plaintes de ce genre. Nous les avons entendues se produire dans un autre ordre de faits. Quels cris de paon n'a-t-on pas poussés, depuis trente ou quarante ans, au nom de la famille, de la propriété, de la religion menacées dans leur existence! Quelques abus sont tombés, ou tomberont. On s'est fait une idée un peu plus juste des droits et des devoirs sociaux en ce qui concerne la religion, la propriété, la famille; mais je ne sache pas que ni la propriété, ni la religion, ni la famille aient été anéanties.

Hommes de peu de foi, si vous compreniez la loi du progrès et si vous vous faisiez une idée plus juste de l'harmonie universelle, est-ce que vous prendriez, ainsi que vous le faites, votre petit horizon scientifique du moment pour les bornes du monde? est-ce que vous craindriez qu'un seul fait puisse jamais invalider l'invariabilité des lois de la nature et des principes de la raison?

Est-ce que vous fermeriez les yeux, comme font les enfants, devant des fantômes? Est-ce que vous refuseriez de voir les phénomènes que vous ne savez pas *encore* expliquer? Est-ce que, si vous

2.

étiez des savants dignes de ce nom, vous doute-
riez de la science, parce que *votre* science est bor-
née et toujours insuffisante en présence d'un devenir incessant et de *conditions de milieu toujours
nouvelles?* Est-ce que si vous aviez vraiment la
foi scientifique, vous redouteriez l'invasion du
miracle dans le domaine de la science ? Est-ce qu'il
reste de la place pour le miracle dans un monde
conçu comme un immense concert où chaque être
fait sa partie, où chacun porte en soi son principe d'activité, la loi de son propre dynamisme,
et où tous les rapports convergent vers l'unité
pour s'y harmoniser en s'universalisant? Non,
vous n'avez pas cette foi qui n'est le *postulat* de
la science que parce qu'elle est *le jugement* que
notre raison, éclairée par la science, peut porter,
d'ores et déjà, sur l'ensemble des choses. Mais
comme vous vous faites une idée toute brutiste et
mécanique du monde, comme votre univers n'a
ni vie, ni raison, ni conscience, je vous défie d'en
faire sortir, je ne dis pas une religion, vous n'en
voyez pas la nécessité, mais une politique, une
économie, un art, une morale ! Je vous défie, avec
une telle conception, de vous débarrasser de la
vieille conception surnaturaliste !

Aussi bien c'est elle, c'est cet idéal éteint qui,
tout impuissant qu'il soit pour éclairer les esprits
et réchauffer les âmes, soutient encore votre édifice social. Sans cet idéal arriéré et devenu stérile,
votre société, désagrégée et privée de tout lien

religieux, achèverait de se dissoudre et vous seriez
les premiers écrasés sous ses ruines ; car les flots
de la barbarie, de tous côtés remontante, abaisse-
raient bientôt pour un temps plus ou moins long,
le niveau de l'esprit humain. C'est pourquoi, il ne
faut pas vous y tromper, vous êtes condamnés à
rester accouplés à ce cadavre jusqu'à ce que vous
soyez en état de communier avec l'idéal nouveau
et que vous renaissiez par lui à la vie nouvelle.
En attendant vous aurez beau avoir peur du vieux
surnaturalisme, vous ne pourrez vous en passer
et vous serez forcés de compter avec lui. Mais il
est honteux, pour des savants voués à l'étude des
facultés de l'âme, de les voir prendre pour des
miracles, c'est-à-dire pour des dérogations aux
lois de la nature, la manifestation de forces qui
émanent de l'âme humaine, et prouvent chez elle
des facultés, non pas précisément nouvelles, mais
auxquelles les conditions de milieu avaient manqué jusqu'ici pour se produire normalement et qui
marquent simplement un degré franchi dans la
vie progressive de l'espèce, une phase qui s'ouvre
et nous montre une élévation de puissance dans
le *Devenir* de l'humanité. Pourquoi si l'*homme
social* est sorti des singes anthropomorphes,
l'*homme spirituel* n'émergerait-il pas de l'*homme
social?* C'est là un fait de *descendance* parfaitement logique, et étant donné le bien fondé du
transformisme, selon Hæckel et Darwin, on ne
voit pas ce qui autoriserait M. Jules Soury à le

nier. En tout cas, la chose vaudrait qu'on l'examine.

Oui, mais M. J. Soury ne veut pas examiner, son siége est fait, et il ne veut pas que les autres examinent. Car il ne nous fera pas croire qu'il a voulu faire connaitre à ses lecteurs les expériences de Slade chez Zœllner. Après avoir lu ce qu'il en dit, il est impossible de s'en faire une idée quelque peu exacte. Rien de plus facile sans même se donner la peine de mentir, que de donner une fausse idée des choses. Il suffit pour cela de ne dire qu'une partie de la vérité. Ce n'est pas pour rien que nos tribunaux font jurer aux témoins qu'ils interrogent, de dire, non pas seulement la vérité, mais *toute la vérité.*

Quoiqu'il en soit, volontairement ou non, la manière dont les choses se sont passées dans les expériences en question est restée dans l'ombre.

Il fallait citer Zœllner.

C'était important pour faire savoir au public si ces expériences étaient sérieuses. Il est évident que M. Jules Soury ne prenant pas la chose au sérieux n'a pas pu se résoudre à en parler sérieusement. Ainsi, il a négligé de dire que le medium américain se prêtait à toutes les précautions que les assistants jugeaient à propos de prendre pour s'assurer de la réalité des phénomènes; il a oublié ce détail de grande importance que chacun pouvait apporter du dehors les ardoises destinées à rece-

voir l'écriture des esprits (?); que deux ardoises
sont mises l'une contre l'autre et scellées, après
vérification préalable et après qu'un bout de crayon
a été introduit dans l'espace laissé par l'encadre-
ment ; qu'on entend le bruit que fait le crayon
courant sur l'ardoise ; que les ardoises ne sont pas
un instant perdues de vue par les spectateurs, etc.

Mais tout ce que nous pourrions dire pour rec-
tifier un récit qui n'existe même pas dans l'article
de M. Soury serait insuffisant. Il vaut mieux montrer au lecteur comment les choses se passent
ordinairement dans les expériences de Slade en
en donnant un rapport sincère. Nous n'aurons
pour cela qu'à reproduire une narration ayant
toute la rigueur d'un procès-verbal qui se trouve
dans la *la Religion laïque* du mois de novembre 1877. Le témoin ici est des plus sérieux. C'est
un ancien député à l'Assemblée nationale de 1871
et l'un des plus grands industriels de France ; c'est
le fondateur du familistère de Guise, l'auteur
du livre intitulé *Solutions sociales* et directeur
du journal *le Devoir;* c'est un homme encore
dans la force de l'âge et qui n'a donné aucun
signe de névropathie présente ou future ; c'est
enfin l'une des plus belles intelligences de l'é-
poque et dont le nom restera parmi ceux dont
s'honore l'humanité. M. Jules Soury trouvera-t-il
que de telles garanties soient suffisantes ?

Récit rédigé par M. Godin (de Guise) des expérien-auxquelles il a assité à Bruxelles chez le médium américain Slade.

« Voulant mettre l'expérience à l'abri de tout soupçon, nous nous présentions chez M. Slade avec deux ardoises encadrées, réunies par des charnières et un fermoir, et recouvertes à l'extérieur de bois verni.

« Voulant surtout pouvoir affirmer auprès de mes amis que je n'avais négligé aucune précaution pour échapper à tout effet d'escamotage ou de presdigitation, et quoique M. Slade ne fût en aucune façon prévenu que je viendrais chez lui avec des ardoises à moi, j'avais pris le soin de revêtir ces ardoises, à l'intérieur et à l'extérieur, de signes particuliers qui devaient s'opposer à toute substitution d'objets.

« Avant de commencer la séance, M. Slade vous met du reste à l'aise ; il vous engage à visiter la table sur laquelle on doit opérer, les chaises sur lesquelles on doit s'asseoir ; enfin il autorise toutes les vérifications que nous voulons faire.

« La table est des plus simples : carrée, en planches de bois d'acajou, sans tiroir ; elle est montée sur quatre pieds placés à environ 30 centimètres des bouts : le dessous est uni comme

le dessus, de sorte qu'on peut placer indifférem-
ment les ardoises contre le bois de la table, soit
dessus, soit dessous. Le tapis sur lequel elle repose est sans solution de continuité ; les chaises
sur lesquelles nous nous asseyons sont cannées et
très-simples.

« Nous nous plaçons autour de la table ; le médium se met en face de Mme M... et place une
jeune interprète, sa nièce, en face de moi, de
sorte que je suis à côté de lui. Nous demandons
alors si nous pouvons obtenir de l'écriture sur
les ardoises que nous apportons ?

« M. Slade fait former la chaîne avec les mains ;
aussitôt, des coups frappés dans la table nous
annoncent la présence de la force invisible qui va
produire les communications.

« Le médium lui demande si elle veut écrire sur
les ardoises fermées qui sont sur la table ? Puis
il prend une ardoise encadrée, simple, qui est à
côté de lui, il pose dessus un petit morceau de
crayon qu'il casse avec ses dents, et passe l'ardoise sous le bord de la table. On entend aussitôt
le crayon écrire, puis deux coups frappés sur l'ardoise. Le médium la remet sur la table, elle contient ces mots : « Nous voulons bien essayer. »

« Cette réponse nous donne donc déjà le phénomène occulte de l'écriture directe. Mais, dira-t-
on, il n'y a rien là qu'un habile prestidigitateur
ne puisse produire ? C'est vrai, attendons.

« Le médium prend les ardoises jumelles, les

ouvre sur la table devant nous, pose un petit
morceau de crayon de trois à quatre millimètres
de grosseur sur l'une d'elles. Les ardoises sont
vierges de toute écriture. Il ferme les ardoises,
accroche le fermoir et pose ces ardoises sur mon
épaule, contre mon oreille, dépassant ma joue
gauche. Aussitôt nous entendons tous le bruit du
crayon se promenant sur l'ardoise, comme s'il
était conduit par une main qui écrive, puis deux
coups frappés entre les ardoises invitent le médium
à les ouvrir. Ce qu'il fait; on trouve sur un des
côtés une ligne de caractères arabes ou chinois
dont je n'ai pas la traduction, puis une phrase
disant : « Vous avez beaucoup d'amis présents ce
soir. »

« Le médium referme les ardoises en laissant la
touche entre elles, puis les place contre ma poitrine. Aussitôt le bruit de l'écriture entre les
deux ardoises recommence, puis les coups frappés
succèdent. On ouvre et l'on trouve sur l'autre ardoise cette phrase : « Votre ardoise est trop ver-
nie pour que nous en puissions faire usage. »

« Cette fois, il n'y a plus de prestidigitation possible; nous n'avons pas quitté des yeux les ardoises; ce sont bien celles que j'ai apportées avec
les signes que j'y ai faits.

« Du reste, d'autres phénomènes nous démontrent
qu'une force invisible existe dans la pièce; car
un fauteuil, placé à distance, quitte sa place,
vient heurter brusquement la chaise du médium.

« Le médium prend une ardoise ordinaire, met
une touche entre elle et la table, et tient serrées
l'une contre l'autre la table et l'ardoise. Aussitôt
le bruit de l'écriture recommence et ne cesse que
quand l'ardoise est remplie. Elle contient des
explications sur l'influence que doivent exercer
ces phénomènes.

« Avant que nous nous séparions, la table se
soulève d'environ trente centimètres. Je néglige
les autres détails de cette séance pour narrer les
principaux de celle du lendemain.

« Cette fois, nous revenons avec des ardoises
encadrées ordinaires, sans vernis et sans luxe. La
séance commence comme la veille, en formant la
chaîne sur la table ; les mêmes coups frappés in-
diquent l'arrivée des écrivains.

« Le médium prend les deux ardoises que j'ai
apportées, les essuie sur les quatre faces, pose
une touche sur l'une d'elles, la recouvre d'une
autre ardoise et lie les deux ensemble avec la
ficelle qui a servi à apporter les ardoises. Tout
cela se fait sur la table, devant nous, sans que
l'opération nous échappe un seul instant.

« Le médium place ensuite ces ardoises contre
ma poitrine, en les tenant de la main droite, par
un coin, et aussitôt le bruit de l'écriture se fait
entendre et se perçoit d'une façon très-caracté-
risée. Les lignes succèdent les unes aux autres ;
puis on entend tracer une barre et un changement
s'opère dans la manière d'écrire ; un instant après,

3

on tire une nouvelle barre, puis une troisième très-accentuée et chaque fois on entend mettre les points sur les i et ponctuer. Mais un changement complet d'écriture s'est opéré; on comprend qu'il ne se produit plus que des traits fortement caractérisés, sans liaisons entre eux. Que sera cette écriture? Est-ce de la gothique? On écoute, on attend, mais on conçoit que l'écriture se fait à ce dernier moment avec une attention toute particulière.

« Les coups frappés annoncent enfin que la communication est terminée. On dénoue les ardoises, et nous trouvons les deux surfaces intérieures couvertes d'écritures. Elles contiennent 21 lignes écrites dans le sens de la longueur des ardoises :

« Sept lignes en français, sur un passage de l'Évangile,

« Cinq lignes en anglais, sur ce que nous devons faire pour obtenir ce genre de manifestations,

« Six vers en langue néerlandaise sur les moissons,

« Et trois lignes en grec, citation d'un passage de l'Évangile.

« Je crois devoir signaler ici que les personnes présentes à cette séance ne connaissent ni le grec, ni le néerlandais.

« Je serrai soigneusement ces ardoises pour les emporter, comme j'avais fait la veille. Après cette expérience, des phénomènes divers se succèdent; mais je dois abréger ce récit. Mme M... est in-

vitée par le médium à prendre une ardoise, à
mettre elle-même la touche dessus, et à la tenir
serrée contre la table; elle fait la chose sans le
secours de personne. M. Slade n'intervient que
par deux ou trois passes faites à distance au-
dessus du bras de Mme M...; l'écriture se produit aussitôt et donne cette phrase : « Nous fa'sons
pour vous tout ce que nous pouvons. »

« Un instant après, une ardoise est violemment
arrachée des mains du médium, et va tomber de
l'autre côté sous la table, entre Mme M... et moi.
Toutes les mains étaient sur la table en ce moment, et elles y restent formant la chaîne, quand,
à notre grande surprise, un instant après, l'ardoise qui est à nos pieds s'élève d'elle-même en
apparence, et vient en papillonnant se reposer
sur la table entre nos mains.

« Je néglige le récit de dix autres faits, tous
aussi étranges, mais que le lecteur pourrait attribuer à l'illusion. Dans ceux que j'ai décrits, elle
n'est pas possible. J'ai les ardoises couvertes
d'écritures en cinq langues; écritures obtenues
dans l'étroit espace, complètement obscur, compris
entre deux ardoises maintenues à environ huit
millimètres de distance l'une de l'autre, par l'é-
paisseur du cadre de bois qui les entoure.

« Ces phénomènes sont-ils moins dignes d'attention que ne l'étaient à l'origine de leur découverte, ceux de la circulation du sang, de la sphé-
ricité de la terre, de l'existence d'un nouveau

monde, du mouvement diurne de la terre, de la gravitation, de l'électricité, de la vapeur, de la photographie, etc....? Et pourtant, Harvey, Christophe Colomb, Galilée, Newton, Galvani, Fulton, Daguerre, ne crurent pas indigne de la science de s'occuper de faits mis en doute par tout le monde, et l'humanité a tiré profit de leurs investigations.

« Est-il moins intéressant de constater la réalité de l'intelligence et de la pensée agissantes en dehors de la matière? De chercher la cause des forces agissantes sur la matière sans secours des lois physiques connues? De se rendre compte dans quelle mesure ces forces peuvent s'associer à nos actions? De découvrir la cause de l'influence qu'exercent certaines personnes sur la production de ces phénomènes? Et ne voit-on pas l'urgence qu'il y a de déduire de ces phénomènes mêmes les lois supérieures de la vie dont les perspectives sont ignorées de nous?

« Pour ce qui me concerne, je n'ai voulu en ceci que témoigner de faits qui répondent, suivant moi, de la façon la plus sérieuse, à l'enquête ouverte dans cette revue.

« Je n'ai pas l'intention de donner ici l'explication de ces phénomènes; je me contenterai de dire qu'il n'y a pas d'effet sans cause, que l'action d'une force suppose un ou des agents pour la produire, qu'un effet intelligent dénote l'action d'un être intelligent.

« Il fallait à Archimède un levier pour soulever le monde ; dans le cas qui nous occupe, la matière se meut en apparence d'elle-même, et la pensée intelligente s'exprime sans l'action d'aucun organisme matériel.

« Tant que quelqu'un intervient dans la production de phénomènes de cette nature, à un degré quelconque, par une action musculaire si indirecte qu'elle soit, ceux qui n'ont pas étudié par expérience ces phénomènes ont de fortes raisons pour se demander si le résultat n'est pas analogue à celui obtenu par des facultés que l'homme acquiert par l'exercice. Le pianiste, par exemple, semble avoir ses facultés intelligentes dans le bout des doigts. On peut donc, tant qu'il y a participation musculaire des assistants, attribuer les effets produits à des phénomènes biologiques. Mais il n'en est plus ainsi lorsque les corps se meuvent sans aucune intervention des spectateurs, lorsqu'un simple petit morceau de pierre écrit des pages entières sur l'ardoise dans une boîte fermée ; on ne peut, je pense, l'attribuer qu'à la manifestation des forces extérieures ; et si ces forces produisent des effets intelligents, comme ceux de la pensée écrite, il faut bien admettre la présence d'une intelligence et d'un être invisibles.

« Quels sont ces êtres et ces intelligences ? Nous n'avons d'autres éclaircissement sur ce point que ceux qu'il convient à ces êtres mêmes de nous donner. C'est à nous de voir si nous devons croire

3.

et accepter les renseignements que nous en rece-
vons dans leurs conversations avec nous.

« Ils s'expriment comme hommes et s'avouent
comme tels. La différence entre eux et nous,
c'est qu'ils existent et vivent unis à la substance immatérielle, et que nous, au contraire,
sommes momentanément attachés au fardeau de
la matière. Souvent, ils se donnent pour nos amis,
nos parents; ils déclarent avoir vécu parmi nous.
Peut-on demander des éclaircissements plus di-
rects sur la vie d'outre-tombe? Je ne le pense
pas, mais je suis convaincu que, pour beaucoup
d'esprits prévenus, ces éclaircissements auront le
tort de n'être pas assez alambiqués. Quant à moi,
lorsque je reçois par la poste une lettre écrite sur
papier, je ne mets pas en doute qu'un être intelligent l'ait dictée, quoique je n'aie pas vu la main
qui l'a écrite; si je reçois le même message par
voie de communication occulte, puis-je cesser de
croire qu'un être intelligent en soit l'auteur?

« Mais, oh! abomination de la désolation, dira-
t-on, vous voulez donc nous ramener à la superstition et aux abus du miracle? Je réponds: Non,
c'est par la vérité que l'homme constitue la
science, et c'est par la vérité que la science
fait tomber tous les abus. En portant la lumière
sur les phénomènes occultes, nous renverserons
les abus du miracle, nous empêcherons l'esprit de
secte de s'arroger plus longtemps le monopole de
ces faits, et de leur donner les interprétations

fausses et mensongères avec lesquelles on abuse des croyances du peuple.

« Nous voulons la lumière sur toutes choses, nous croyons que tout ce qui existe a une raison d'être conforme aux lois d'ordre universel. Si l'homme survit à son existence terrestre, si la vie d'outre-tombe lui permet de se manifester à nous, c'est que cela rentre dans le plan de ces lois. Que ces faits aient pour conséquence de dérouter les sceptiques, qu'ils soient embarrassants pour les hommes dont l'amour-propre est engagé par des études et des affirmations en contradiction avec ces faits, ce ne peut être un motif pour mettre la lumière sous le boisseau.

« C'est à nos physiciens à porter leurs investi-gations sur les lois en vertu desquelles les forces de la substance invisible peuvent agir sur la subs-tance matérielle et provoquer le mouvement des corps et objets, les déplacer, les diriger, jusqu'au point de les faire écrire. Ce n'est pas parce que la science s'obstinerait à se tenir en dehors de ce champ d'études que les faits en seraient moins patents et moins vrais pour ceux qui en sont les témoins.

« C'est à nos physiologistes à étendre la sphère de leurs études sur l'organisme humain ; c'est à la biologie à mieux pénétrer les secrets de la vie ; c'est à nos psychologues à approfondir davantage les destinées de l'homme en dehors de la matière.

« Aujourd'hui, je ne suis qu'un témoin, je n'ai

voulu dans cet article que répondre à l'enquête
ouverte par « la *Religion laïque*, » et rendre, à
mes risques et périls, un nouvel hommage à la
vérité. »

« GODIN. »

Je ne vois rien à ajouter au récit de M. Godin et
à ses appréciations. La question en ce qui concerne les expériences de Slade est vidée. Il me
reste à montrer ce que vaut réellement le spiritisme devant la science et quels éléments utiles
il vient apporter à la synthèse sociale de l'avenir.
Nous aurons occasion, dans le courant de cette
étude, de mettre en paralèlle la doctrine spirite, en
tant que psychologie expérimentale, avec le
monisme matérialiste de Hæckel, et nous verrons
laquelle des deux théories est la plus véritable-
ment scientifique, je veux dire la mieux fondée en
expérience et en raison, en même temps que la
plus féconde en éléments de moralisation pour
l'individu et pour la société.

Ce sera l'objet d'une seconde lettre.

Ch. FAUVETY.

DEUXIÈME LETTRE

Autant que personne au monde, je nie le surnaturel et le miracle, mon rationalisme sur ce point va bien plus loin que le positivisme scientifique, qui ne reconnait d'autre certitude que celle des sens; et il y a long temps que j'ai écrit ceci: « M. Littré dit aux surnaturalistes: Faites-nous voir un miracle, nous y croirons. Moi, je leur dis: Ne vous dérangez pas pour me faire voir un miracle, je n'y croirais point. » C'est que M. Littré ou plutôt le positivisme — et la science de nos jours n'est que cela — se place *uniquement* sur le terrain de l'expérimentalisme, tandis que je me place *en outre* sur le terrain du rationalisme philosophique, qui, *à priori*, n'admet pas de dérogation possible à l'ordre universel.

Ce fut le point de vue de notre dix-huitième siècle français, et je m'y tiens.

J'avais treize ans lorsque je lus dans Voltaire une observation sur le miracle de Josué qui me fixa absolument sur la valeur du surnaturalisme et me fournit plus tard mon *criterium* rationnel de certitude.

En parlant du miracle de Josué, Voltaire

faisait remarquer que si un tel miracle s'était produit, si le soleil, ou, du moins, la terre s'était arrêtée brusquement dans sa marche pendant un jour, étant donnée la gravitation universelle, il en serait résulté une perturbation générale de tout le système solaire, et cette perturbation se serait étendue à l'ensemble du cosmos; de sorte que, pour donner le temps à une peuplade barbare de massacrer ses ennemis vaincus, le créateur aurait bouleversé l'univers entier et aurait risqué d'avoir à recommencer la création. Absurde, n'est-ce pas? Sans doute tous les miracles n'ont pas la même gravité dans l'odieux et dans l'absurde, mais tous sont également inadmissibles devant la raison. Si le caractère des lois de la nature est l'universalité, si la loi, si toute loi embrasse l'ensemble des rapports qui lui sont afférents, il n'y a pas de place dans le monde pour le miracle.

Ces principes m'ont guidé toute ma vie et je n'ai eu garde de les oublier lorsque je me suis trouvé en présence des faits du spiritisme. Quelle que soit la source de ces faits, me suis-je dit, qu'ils soient les bien-venus, puisque, s'ils sont réels, ils viennent nous révéler des rapports que nous ignorions jusqu'ici. Assurons-nous donc d'abord de leur réalité, et, si nous ne pouvons les expliquer par les loi connues, cherchons les forces qui les produisent. Mais soyons persuadés qu'ils ont leurs lois, qui, tôt ou tard, seront découvertes, car, comme l'a si bien dit Montesquieu, — et c'est là toute une révélation : — « tous les êtres ont leurs lois; la divinité a ses lois ; le monde matériel a ses lois, les intelligences supérieures à l'homme ont leurs lois, les bêtes ont leurs lois, l'homme a ses lois. »

Or, comprenez bien le sens de ces paroles de Montesquieu. Tous les rapports qui se trouvent entre les êtres sont régis par des lois qui leur sont propres, c'est-à-dire inhérentes à leur nature. L'homme a ses lois, nous le savons. S'il existe des intelligences supérieures à l'homme — ce qui est infiniment probable — elles ont leurs lois ; si, une intelligence suprême existe embrassant et comprenant tous les rapports, elle a ses lois aussi ; et, dans ce cas, c'est le concours harmonique de toutes les lois des êtres qui assure l'ordre et l'unité dont témoigne à nos yeux le cosmos éternel. Est-ce assez simple et assez rassurant ? où est, dans ce concept, qui fut déjà celui du dix-huitième siècle et que nous n'avons qu'à élargir pour y faire entrer toutes les découvertes de la science contemporaine, où est, dis-je, dans ce concept, la place du miracle ?

Non, non, avec une définition de la loi qui affirme que, quel que soit son rang sur l'échelle de la vie, chaque être est autonome et que l'ordre cosmique n'est autre chose que cette législation universelle qui assure le concours de tous les rapports, il n'y a plus lieu de craindre l'intervention arbitraire d'une toute-puissance surnaturelle,

extérieure au monde. Le vieil Autocrate céleste
est détrôné du coup. A la place d'une monarchie
absolue, qui ne manquait jamais de représantant
sur la terre, c'est une république qui nous apparait
soumise à des lois immanentes aux êtres qu'elles régissent, en les rattachant à une ORDRE im-
muable au milieu du perpétuel DEVENIR des
formes et des combinaisons d'une vie toujours
renaissante.

Mais cette vue si simple, quoique sans doute
trop sommaire et incomplète des choses, n'impli-
que nullement la conclusion brutale qu'une
fausse science, prétendrait en tirer. Aux doctrines *mécanicistes* et *fatalistes,* qui se produisent de nos jours sous le couvert de la science,
Montesquieu a répondu d'avance au nom du bon
sens et de la raison : « Ceux qui disent qu'une
fatalité aveugle a produit tous les effets que nous
voyons dans le monde ont dit une grande absurdité; car quelle plus grande absurdité qu'une fatalité aveugle qui aurait produit des êtres intelligents? » Telle est en effet la pierre d'achoppement
de toutes les doctrines matérialistes. — Et le
système de Haeckel, plus que tout autre, en faisant sortir l'homme de la matière amorphe qu'il
appelle *protoplasma,* vient se briser contre
cette irréductible contradiction. Ce qui n'empêche
pas M. Jules Soury de s'indigner contre le spiritisme « ce pelé, ce galeux qui a fait tout le
mal, » sous prétexe que « le spiritisme s'attaque

au principe universel de causalité. » Cependant le
pauvre baudet n'a rien fait de semblable. C'est au
contraire en invoquant le principe de causalité
qu'il vous dit humblement, en vous montrant ses
tables qui répondent avec à propos aux questions
qu'on leur adresse et ses crayons qui écrivent des
choses sensées et raisonnables : « Voilà des phénomènes intellectuels qui sont produits, il y a
donc ici des intelligences. » Mais vous qui, en
nous faisant venir directement des singes anthropomorphes, en nous faisant *descendre*, de degré
en degré, de la simple monère et de la méduse,
faites ainsi dériver ces précieusesfacultés que nous
possédons, vous et moi, et tous nos semblables, la
conscience, *la raison*, la *sensibilité*, la *parole*,
d'ASCENDANTS qui en étaient privés, dites, que
faites-vous, s'il vous plait, de ce « principe universel de causalité sur lequel, selon vos propres ex-
pressions, repose tout l'édifice devotre science ? »
Ce principe n'exige-t-il pas que l'effet soit contenu
dans la cause, que la cause soit, par conséquent,
plus grande que l'effet, et, comme dit le sens
commun en sa forme vulgaire, que la plus belle
fille du monde ne puisse donner que ce qu'elle
a ? » Et si c'est vous qui méconnaissez « ce fondement de la science, » n'avez-vous pas à craindre, si l'on n'était plus poli que les Vadius et les
Trissotin du *scientisme*, de vous voir jeter à la
tête le vers des *Femmes savantes :*

Vous donnez sottement vos qualités aux autres !

4

Mais expliquons brièvement, pour ceux qui l'i-
gnorent, ce qu'on entend par le *transformisme*
et en quoi consiste particulièrement le système
transformiste de Haeckel.

S'il est un fait acquis et hors de conteste, c'est
celui qui nous montre la vie se manifestant sur la
terre en allant du moins au plus et partant des
formes les plus pauvres et les plus élémentaires
pour s'élever aux organisations les plus riches et
les plus complexes. Ce fait, qui nous dit l'ordre
dans lequel la création s'est faite, suffit-il à expliquer la création, et ne reste-t-il pas à déter-
miner *la cause,* la puissance créatrice qui a produit les êtres dans cet ordre progressif et à en expliquer le pourquoi. En tout cas, cette vue des choses n'est pas nouvelle, elle remonte à une certaine
antiquité.

On en trouve une première ébauche dans la Genèse de Moïse (15 siècles av. J.-C.) et les livres
sacrés des Indous, plus anciens encore, en portent
la trace. Mais ce n'est que de nos jours qu'on a
songé à se servir de ce fait — car c'est bien là un
fait et non une hypothèse — pour expliquer la
création terrestre NATURELLEMENT — je veux dire
sans intervention suprànaturaliste.

Evolution est le terme générique employé de
nos jours pour qualifier cette conception basée sur
l'échelle des êtres et le développement progressif
de la vie à la surface du globe.

C'est à tort qu'on donne quelquefois à la théorie

générale de l'évolution le nom de *Darwinisme*.
Le *Darwinisme* ne représente qu'une branche du
système évolutioniste. Mais c'est une branche
très-importante. Ce qui appartient à Darwin et à
son digne émule A.-R. Wallace (1), c'est la
théorie de *la sélection naturelle,* donnée comme
conséquence de la lutte pour la vie ou de la con-
currence vitale qu'ont à soutenir les êtres organisés pour se faire leur place au soleil et avoir leur
part à la nourriture et aux joies de l'union des
sexes. La théorie Darwiniste sera féconde pour la
science et utile à l'économie sociale, mais sa portée
philosophique a été faussée par l'esprit de système
et peut-être aussi par l'esprit de parti. C'est, mé-
connaître le rôle de l'humanité sur la terre que de

(1) Il n'est que juste de rappeler que la découverte de
la loi à laquelle Ch. Darwin seul a donné son nom appartient, à titre égal, à Alfred-Russel Wallace, dont les
travaux datent de la même époque. A. R. Wallace est un
spirite convaincu et ne s'en cache point. Ils sont trois
membres de *la société royale des sciences de Londres*
dans le même cas. Les deux autres sont: l'éminent ingénieur C. f. Varley et le physicien-chimiste W. Crookes, qui
a publié dans un livre traduit en français le résultat de
ses curieuses expériences sur des faits de matérialisation
spirite. Trois savants académiciens enrôlés dans le spiritisme après étude faite et expérimentation préalable! cela
se voit en Angleterre et peut se voir ailleurs. Cela ne se
voit pas en France. C'est qu'en France, on est *mandarin*
avant tout. On peut y devenir savant, philosophe, penseur
éminent, mais si l'on n'est pas *mandarin*, on n'est rien,
pas même académicien.

subordonner les lois de la conscience aux procé-
dés de la nature, et c'est se faire une idée fausse
du progrès humain et de la liberté morale que de
faire de la lutte pour l'existence une loi inélucta-
ble, capable de dominer la puissance de l'homme
social et de l'empêcher de faire régner sur la terre
l'ordre, la justice, l'abondance et la paix.

Le mot *Transformisme* exprime quelque chose
de plus que le mot Evolution. Avec le transformisme, les espèces disparaissent, en quelque sorte,
et l'échelle des êtres n'est plus représentée que
par des individus. Pris dans sa signification la
plus générale, ce terme peut désigner toute théorie évolutionniste faisant dériver tous les êtres
organisés, par une suite de transformations et de
modifications successives, d'un seul ancêtre matériel ou d'un certain nombre de types primitifs
appartenant aux formes organiques les plus
simples.

On s'accorde généralement à faire honneur de
la paternité du Transformisme à Lamarck. Il est
bien vrai que Lamarck a fait entrer cette théorie
dans la science positive. Mais l'idée *transformiste*
appartient à un autre Français qui l'a émise dès
l'année 1761, dans un livre intitulé *De la Nature* (1). L'auteur de ce livre, J.-B. Robinet, en

(1) La première édition du livre *De la Nature* est da-
tée d'Amsterdam du 24 juin 1761; la seconde du 29 janvier 1763; la troisième et la plus complète du 25 mars
1764.

partant de ce point que la nature ne va jamais par
sauts, a établi logiquement la succession ininter-
rompue des êtres. Il a posé cet axiome « *qu'un
état quelconque de la nature est le produit déterminé, la suite nécessaire, l'effet immédiat de
l'état précédent,* » que dès-lors il ne devait y
avoir aucune solution de continuité, non-seulement de l'homme au singe, mais du singe aux
formes les plus élémentaires des règnes animal et
végétal et même du règne minéral, ainsi que
Haeckel essaie aujourd'hui de l'établir. Seulement
Robinet faisait intervenir la nature et même Dieu
dans la création, la nature n'étant que l'instrument
inconscient de la pensée créatrice. Robinet a écrit
le premier cette phrase : « Il n'y a point d'espèces.
Il n'y a que des individus. » Et il a voulu suppri-
mer toutes les divisions artificielles de *règnes,* de
classes, de *genres,* comme inutiles, tentant ainsi
de faire pour l'histoire naturelle ce que Copernic
avait fait pour l'astronomie lorsqu'il avait montré
l'inutilité de tous les épicycles nécessaires, dans
le système de Ptolémée, au mouvement des mon-
des.

Peut-être est-il bon d'ajouter, pour être juste,
que c'est Leibnitz qui avait ouvert la voie à l'auteur du livre *De la Nature* en proclamant, un
demi-siècle auparavant, la loi de continuité et
soumettant à cette loi les phénomènes de la vie ;
comme plus tard c'est Malthus, avec sa loi de la
population dans ses rapports avec les subsistances

qui ouvre la voie à Darwin et lui inspire sa théorie de la *sélection naturelle* basée sur la lutte pour l'existence. De tels faits sont utiles à constater parce qu'ils prouvent qu'il en est des découvertes de l'esprit humain comme de la genèse des êtres. Il y a dans les deux cas un ordre nécessaire de succession et une adaptation préalable des milieux. C'est que la loi de continuité s'exerce dans le temps et dans l'espace pour les réalisations de l'esprit comme pour celles de la nature.

Le plus complet des systèmes transformistes est sans contredit celui de Haeckel. Ce système a l'avantage d'être venu le dernier. Mais il possède en outre cette qualité d'être rigoureusement enchaîné, de sorte que lorsqu'on a accepté son point de départ, il faut suivre l'auteur jusqu'au bout. Seulement ici le point de départ est une hypothèse invérifiable et contredite par l'expérimentation scientifique. Je veux parler de la *génération spontanée*. Après les beaux travaux de M. Pasteur et les récentes démonstrations de Tyndall (1877), il est difficile de s'accommoder d'une hypothèse qui ferait venir la vie de substances qui ne la possèdent pas.

Lamarck, lui aussi, suppose que la vie s'est manifestée sur la terre par *génération directe* ou *spontanée*, mais il ne commet pas cette faute, cette erreur de logique de faire venir la vie *uniquement* de la matière inerte. C'est toujours au sein des eaux, comme le raconte la vieille tradi-

tion religieuse, et au milieu de la substance géla-
tineuse que se sont formées, d'après Lamarck,
(Haeckel ne parle pas autrement), les premières
ébauches des êtres. L'évolution de la vie part de
la première cellule. Une monade apparaît (la
monère de Haeckel) et l'association de cellules
homogènes constitue les organismes élémentaires
des infusoires et des polypes. Seulement avec l'auteur de la *philosophie zoologique*, cela ne se fait
pas tout seul. Lamarck a commencé par poser,
dès l'origine, Dieu et la nature. D'après lui, c'est
la nature qui a formé et qui forme encore de nos
jours la première ébauche des organismes et qui
intervient constamment, avec les forces physiques
et chimiques, dans le *processus* des êtres terrestres. Nous sommes ainsi bien loin de l'évolution
purement machinale du transformisme matérialiste. Nous voyons ici une cause efficiente plus puis-
sante que les effets qu'elle produit. Au moins le
contenant est plus grand que le contenu. Ce n'est
pas tout. Au-dessus de la nature, nous avons, avec
Lamarck, une cause première intelligente, car « la
nature, nous dit-il, n'est en quelque sorte qu'un
intermédiaire entre Dieu et les parties de l'univers physique, pour l'exécution de la volonté divine. » Et il ajoute que le suprême auteur de tout
ce qui est, l'est directement de la matière, ainsi
que de la nature. Quant à la nature, pour l'auteur
de la *philosophie zoologique*, elle n'est pas un
être, mais une *puissance* obéissant aux lois im-

muables qui lui sont imposées et elle se sert des forces cosmiques pour façonner dans le temps et dans l'espace les rudiments des êtres (1).

Il est à remarquer que les transformistes contemporains, qui se donnent comme les héritiers intellectuels de Lamarck, ont bien soin de laisser dans l'ombre tout ce côté de sa philosophie. Il est clair cependant que si le transformisme était resté dans cette voie, le spiritualisme philosophique s'en serait fort bien accommodé. Le *miraculisme* seul aurait pu s'en plaindre.

Darwin, qui a fait revivre le système de Lamarck et de Robinet, en greffant sur le plan transformiste l'idée féconde de la sélection naturelle, Darwin n'a pas commis la faute de faire reposer l'échelle des êtres sur l'hypothèse invérifiable d'une première génération spontanée. Son système purement expérimental laisse de côté le point de départ. Il se borne à faire entendre que toute la lignée organique descend sans doute de quelques types ancestraux et se contente de dire à la fin de son livre *(De l'Origine des espèces) :* « J'admets que vraisemblablement tous les êtres organisés, ayant vécu sur la terre, descendent d'une forme primitive quelconque que le Créateur a animée du souffle de la vie. » Ce n'était pas résoudre la question. L'origine de la vie restait en

(1) Voir particulièrement dans *Hist. nat. des animaux sans vertèbres.* 1er vol., p. 255 à 266.

l'air et la porte était toujours ouverte au surnaturalisme. C'est ce que Haeckel a fait justement remarquer. Il reprend ainsi Darwin de sa timidité :
« Attribuer l'origine des premiers organismes terrestres, pères de tous les autres, à l'activité voulue
et combinée d'un créateur personnel, c'est renoncer
à en donner une explication scientifique, c'est
quitter le terrain de la vraie science pour entrer
dans le domaine de la croyance politique qui en est
absolument distinct. Admettre un créateur surnaturel, c'est se plonger dans l'inintelligible. » Voilà
qui est bien dit, mais pour échapper à l'inintelligible, il n'est pas nécessaire de tomber dans l'absurde et le contradictoire.

Et c'est ce que fait Haeckel lorsqu'il fait descendre tous les organismes terrestres d'une simple
cellule et d'une parcelle de matière mucilagineuse
ou plasmatique, sans rattacher ce phénomène à
une synthèse douée elle-même d'une existence
plus compréhensive, pouvant donner naissance à
tout ce qui doit résulter du développement de la
vie terrestre. On se trouve ici en présence de la
plus complète violation du grand principe de
causalité.

Ce n'est pas seulement la parole, la raison, la
conscience, le sentiment, l'imagination, la liberté
morale, ces nobles attributs de l'espèce humaine
qui auraient été transmis à l'homme par des êtres,
animaux et végétaux, qui ne les possèdent point,
mais c'est la vie elle-même qui aurait été donnée

aux premiers êtres par des corps qui en sont privés ! que de cas rédhibitoires dans une telle conception ! Et c'est du haut de tous ces illogismes, qu'on prétend juger toute manière nouvelle de comprendre la vie ! C'est au nom de ces insanités qu'on repousse le témoignage de faits d'expérience parce qu'ils seraient de source spirituelle ; et en même temps qu'on demande à la brute et à la matière inerte les principes de la vie intellectuelle et morale, on dit à celle-ci, lorsqu'elle est arrivée à s'épanouir au sein d'une humanité toujours grandissante : « Tu viendras jusque-là, tu n'iras pas plus loin ! » Et tout cela se fait au nom de la science ! Pauvre science ! Autrefois on faisait de la philosophie *la servante* de la théologie. Aujourd'hui on prétend se servir de la science pour battre en brèche toute spiritualité, tout idéal divin et mettre à la place le plus grossier réalisme. C'est toujours la même mauvaise besogne. Il faut à la science plus d'élévation impartiale et de sage sérénité.

Cette préoccupation se remarque dans la plupart des systèmes produits de nos jours au nom des sciences naturelles. Elle est évidente dans le système transformiste de Haeckel. C'est infiniment regrettable. Car c'est là justement ce qui en fausse la pensée et l'empêche de porter de bons fruits. Heureusement il y a deux choses dans le système de Haeckel qui ne sont pas absolument inséparables. Il y a l'œuvre du naturaliste qui est

belle, bien ordonnée, et d'ailleurs, en tous points,
vérifiable; d'autre part, il y a la doctrine du philosophe qui est fausse, mal conçue et sans justi-
fication rationnelle possible. C'est une distinction
à faire, une divarication à établir entre la partie
spéculative et la partie positive, expérimentale de
l'œuvre. Quand le système philosophique de l'auteur de la *Morphologie générale* aura été brisé
par la critique et le bon sens, la science saura
bien en utiliser les matériaux et les faire servir
à une histoire plus vraie de la création terrestre.

* *
*

L'erreur de Haeckel vient de ce que, désireux
surtout d'éliminer le miracle de la création, il n'a
rien trouvé de mieux à opposer à l'ancienne conception surnaturaliste que l'explication mécaniciste du monde et de la vie. « Le système mécanique du monde, nous dit M. Jules Soury qui lui
en fait un titre de gloire, domine le système entier
des idées et des croyances scientifiques de l'illustre
naturaliste d'Iéna. » Dans ce même livre des
Preuves du Transformisme, Haeckel s'exprime
ainsi dès le premier chapitre intitulé: Evolution
et Création :

« Dans les controverses scientifiques, rien ne
« contribue plus à l'intelligence des choses, rien
« n'éclaire mieux les idées confuses et obscures,

« que d'opposer avec la plus grande netteté, et
« comme en pleine lumière, les principes fonda-
« mentaux des doctrines contraires. Ainsi, ce qui
« a surtout favorisé le succès de notre théorie de
« l'évolution, c'est que le problème capital de cette
« doctrine, la question de l'origine des espèces,
« s'est de plus en plus présenté sous la forme bien
« tranchée de cette alternative : — Ou les organis-
« mes se sont naturellement développés, et, dans
« ce cas, ils dérivent tous nécessairement de quel-
« ques formes ancestrales communes excessive-
« ment simples, — ou bien, si ce n'est point le cas,
« les diverses espèces des êtres organisés sont nées
« indépendamment les unes des autres, et elles ne
« peuvent avoir été créées que d'une manière sur-
« naturelle, par un miracle. Evolution naturelle
« ou création surnaturelle des espèces, il faut
« choisir entre ces deux possibilités, car il n'en
« existe pas une troisième. »

Eh bien ! Hackel se trompe. Il existe une troisième explication, qui concilie à la fois la *Création*
et *l'Evolution*. Cette explication n'a besoin ni du
surnaturel ni du miracle; mais elle ne saurait se
contenter d'une conception mécanique de l'univers.
Il lui faut l'univers animé, vivant. Le monde étant
ainsi conçu, le philosophe s'explique facilement
l'origine de la vie à la surface du globe, et le naturaliste peut en suivre pas à pas le développement progressif, ou, comme s'exprime Hackel,
« le développement évolutif. » Il n'a pour cela,

ainsi que le fait avec tant d'autorité et mieux qu'aucun de ses prédécesseurs, le savant auteur de l'*Histoire de la création naturelle,* qu'à interroger dans leur enchaînement toutes les séries de l'échelle des êtres organisés à l'aide de l'histologie, de la morphologie, de l'anatomie comparée et surtout de la biologie, en .es rattachant à la vie du globe, à notre soleil et à l'unité suprême qui les unit à l'ensemble des choses,

C'est que, la vie est bien autre chose qu'un simple mécanisme. Elle n'est ni une entité métaphysique venue d'une source surnaturelle, comme le dit la vieille théologie, ni une propriété de la matière, comme le prétend le positivisme contemporain qui ne nous apprend ainsi absolument rien. LA VIE, dans sa plus large acception, C'EST LA COMMUNION UNIVERSELLE. Elle exige, pour se manifester .et se maintenir, des conditions de mouvement et d'association, de concours harmonique et de milieu qui sont inséparables de l'idée de plan et de but voulu par une intelligence *au moins* adéquate en puissance aux résultats obtenus. Maintenant, que cette intelligence ne soit pas extérieure au monde qu'elle embrasse et qu'elle unifie ; qu'elle soit, à des degrés divers, immanente aux êtres ; qu'elle se montre dans chaque espèce et dans chaque individu proportionnelle au degré de perfection de ses instruments de rapport — et l'organisme matériel n'est pas autre chose ; — que d'ailleurs ces organismes s'élèvent en un développement

5

spécifique qui va des combinaisons les plus élémentaires aux formes les plus belles et les plus
complexes; qu'en outre, la création ne soit jamais
interrompue et qu'au milieu de son perpétuel devenir l'univers soit éternel; qu'enfin tous les phénomènes se trouvent soumis à des lois permanentes
qui émanent des rapports mêmes des êtres et assu-
rent le concours de toutes les forces vers un but
utile à chacun et à tous : Rien dans tout cela qui ne
soit d'accord avec la raison, avec la science, et c'est
assez pour ôter toute raison d'être au surnaturel
et au miracle. La théorie de l'Evolution et du
Transformisme aurait tout à gagner à rester dans
ces limites. Ainsi définie, elle suffirait pour expliquer la progression de la vie à la surface du
globe et en faire comprendre le but. Il appartien-
dra à la philosophie, en tant que science générale,
de conclure au point de vue moral, social, religieux, en enseignant aux hommes à quoi les oblige,
envers *leurs frères inférieurs* et envers la famille humaine ce long travail de la création au
sein de l'atelier terrestre pour aboutir à édifier
l'être humanité.

Au lieu de chercher un résultat si désirable, les
sectateurs du transformisme, selon Haeckel, et
les autres mécanicistes, se préoccupent par-des-
sus tout d'éliminer l'animisme et de chasser Dieu
de l'univers, sans s'apercevoir qu'ils en chassent
du même coup le sentiment, l'intelligence et la
vie elle-même. A un univers où l'on trouve par-

tout les traces d'une activité inhérente aux
êtres, mais qui suit un plan et marche vers un but
de moralité voulu par une raison consciente, ils
substituent un affreux mécanisme sans vie, sans
plan, sans finalité, sans raison, sans sentiment,
sans conscience, et après avoir fait du monde une
machine bête et monstrueuse avec laquelle l'homme
ne peut établir aucune espèce de rapports de liberté,
de moralité, de sentiment, d'intelligence, ils con-
templent leur ouvrage, et, comme le Jéhovah de
la Bible, ils s'en applaudissent, les malheureux,
et se disent à eux-mêmes que « cela est bon ! »
Écoutez M. Jules Soury : « C'est le propre des
hypothèses légitimes et nécessaires de modifier
l'esprit général des sciences. Nous assistons, en
France comme en Allemagne, à une sorte de renouveau séculaire de la pensée... » Et Haeckel lui-
même : « Tous ceux, a-t-il écrit, tous ceux qui
partagent avec moi le point de vue moniste, pour
l'histoire de l'évolution des êtres organisés comme
toutes les autres sciences, revendiquent en principe *l'explication mécanique* qui découvre *les
causes dernières* des phénomènes dans les mouvements des particules ultimes de la matière. »

Non, « tout cela n'est pas bon. » Non, il n'est
pas bon de ne voir dans chaque être que son organisme matériel ; il y a autre chose qui est la cause
efficiente de ses actes et la loi de son dynamisme !
Non, il n'est pas bon de ne trouver dans des êtres
vivants et sensibles qu'un développement machi-

nal, et il n'est pas bon de professer que « dans le monde humain comme dans le monde animal, les deux lois fondamentales de la marche du progrès, les lois de perfectionnement et de différenciation, dépendent uniquement de causes mécaniques; » et il est détestable d'ajouter « que les perfectionnements chez l'homme comme chez la brute, « sont les résultats nécessaires de la sélection naturelle dans la guerre pour l'existence (1)! »

Rien de plus dangereux que de telles doctrines.

A quoi bon travailler à son amélioration et à celle de ses semblables si le progrès se fait, fatalement, par l'effet d'une loi qui enveloppe toute la création terrestre?

Quoi! point de distinction entre l'être moral et l'être matériel?

Quoi! nous ne serions pour rien dans notre perfectionnement et dans notre rétrogradation!

Ainsi ce n'est pas moi, qui crée mon état mental, selon que je cultive mes facultés intellectuelles ou que je les néglige!

Et ma conscience, qui me dit mes droits et me dicte mes devoirs, je ne suis pour rien dans son élévation ou dans ses abaissements!

Et cette loi de la guerre pour l'existence, dont vous faites le mobile du progrès humain comme de l'amélioration toute matérielle des espèces ani-

---

(1) Haeckel. *Histoire de la Création des êtres organisés.* (Traduction française), page 251.

males, est-ce qu'il serait vrai qu'elle me domine et m'enveloppe? Est-ce qu'il ne dépend pas de moi de la transformer en modifiant l'*état des milieux* et ne puis-je la subordonner à la justice, à la bienveillance, à la fraternité humaine, à la solidarité sociale?

O doctrines de désolation et de mort qui vous vantez de préluder « à un renouveau séculaire de la pensée, » n'êtes-vous pas destinées au contraire à faire obstacle à toute rénovation, à tout rajeunissement, et si vous deviez vous imposer aux esprits comme le dernier mot de la science et le fruit d'une civilisation avancée, ne feriez-vous pas reculer d'horreur les populations et ne les feriez-vous pas revenir à leurs vomissements?

* * *

J'ai dit ce qu'est le transformisme matérialiste; il me reste à dire sommairement ce qu'est le spiritisme et ce qu'il apporte dans le monde.

Et d'abord le spiritisme n'est qu'un spiritualisme expérimental et peut-être eût-il mieux valu l'appeler, comme font les Anglais, tout simplement SPIRITUALISME, en rendant au mot sa vieille acception, celle de *spiritus*, souffle ou vapeur. On se relierait ainsi à la tradition antique et à la croyance populaire, qui donne à l'âme une certaine matérialité éthérée ou gazéiforme et rend

5.

possible la communication entre les vivants et les
morts. La spiritualité *absolue* est chose relativement moderne. Elle ne date guère que de Descartes. L'auteur du discours sur la méthode en
confondant l'*âme* avec l'action de penser, qui n'est
que l'un de ses attributs, en a fait une simple abstraction, une entité métaphysique et a commis cette
faute énorme de creuser entre le *moi pensant* et
tous les êtres de la création, *qui ne pensent pas
à l'instar de l'être humain*, un abîme infran-
chissable. L'âme, réduite ainsi à l'état de pur
esprit, n'ayant *rien de commun* avec la matière,
la vie n'est plus qu'un simple mécanisme et les
êtres organisés qui ne sont pas doués d'une raison
consciente sont réduits au rôle de pures machines.
Les êtres n'ayant pas en eux-mêmes leur principe
de vie, les corps vivants comme les corps inertes
reçoivent l'impulsion des lois générales du mou-
vemement cosmique et le monde tout entier n'est
plus qu'une horloge qui marche par suite de la
chiquenaude initiale du créateur. Eh bien ! c'est
à cette explication toute mécanique de la vie que
nous ramènent, qu'ils le sachent ou non, les matérialistes à la façon de Haeckel et de M. Jules
Soury. Il y a seulement cette différence, entre leur
explication du monde et celle de Descartes, qu'ils
en suppriment la partie métaphysique. Il n'y a
plus dans leur système ni âme pensante, ni plan
divin, ni chiquenaude initiale. Seulement alors la
machine est détraquée : rien ne va plus.

Mais ce n'est pas une raison pour accuser,
comme le fait M. Jules Soury, le spiritisme de
métaphysique, accusation grave, s'il en fût, par le
temps qui court ; une telle accusation portée contre
la psychologie spirite prouve d'abord qu'on ne
sait pas le premier mot de ce dont on parle, ensuite qu'on entend bien faire flèche de tout bois.
Apprenons donc à M. J. Soury qu'il n'y a rien de
métaphysique dans la psychologie spirite et que
justement le spiritisme fait sortir la science de
l'âme de la phase métaphysique où elle a été main-
tenue jusqu'ici par le spiritualisme de l'école, pour
la faire entrer dans la voie positive de l'observation sensible et de l'expérience. Tout dans le spiritisme est expérimental, basé sur des faits. Sans
doute les phénomènes peuvent y être mal inter-
prétés, les observations mal faites, les conclusions précipitées : tout cela est à voir, à examiner,
à contrôler par la méthode et la critique ; mais on
n'est plus fondé à dire que l'âme n'est qu'une
abstraction, une entité métaphysique ; avec le
périsprit, l'âme se présente comme une réalité
perceptible et *formelle*. D'abord on pose les phénomènes : ils sont ou ils ne sont pas. Mais pour
ceux qui les ont constatés, ils sont de ceux qui
tombent sous les sens et sont toujours vérifiables :
telle est bien la méthode que suit la science. Les
faits constatés, on cherche la cause qui les produit. Voici la théorie que le spiritisme propose.
Selon la doctrine d'Allan Kardec, généralement

acceptée par les adeptes du spiritisme, l'âme est inséparable de sa forme *périspritale*, qui, pour être fluidique et plus subtile que la matière à l'état gazeux, n'en est pas moins matérielle. C'est le *corps spirituel* dont parle saint Paul. Allan Kardec s'exprime dans les mêmes termes que l'apôtre, quoique avec beaucoup plus de clarté et de précision. Voici ce qu'a écrit celui qu'on peut appeler le fondateur du *spiritualisme expérimental,* homme du reste de beaucoup de bon sens et n'ayant rien d'un *illuminé :*

« La mort est la destruction ou plutôt la désa-
« grégation de la grossière enveloppe, de celle que
« l'âme abandonne, l'autre s'en dégage et fuit
« l'âme qui se trouve, de cette manière, avoir tou-
« jours une enveloppe... Cette seconde enveloppe
« de l'âme ou *périsprit* existe donc pendant la vie
« corporelle ; c'est l'intermédiaire de toutes les
« sensations que perçoit l'esprit, celui par lequel
« l'esprit transmet sa volonté à l'extérieur et agit
« sur les organes. Pour nous servir d'une compa-
« raison matérielle, c'est le fil électrique conduc-
« teur qui sert à la réception et à la transmission
« de la pensée ; c'est enfin cet agent mystérieux,
« insaisissable, désigné sous le nom de fluide ner-
« veux, qui joue un si grand rôle dans l'économie,
« et dont on ne tient pas assez compte dans les
« phénomènes psychologiques et pathologiques.
« *La médecine, ne considérant que l'élément*
« *matériel pondérable, se prive dans l'appré-*

« *ciation des faits d'une cause incessante d'ac-*
« *tion...* » Allan Kardec, après avoir insisté sur
ce point que l'âme, soit pendant son union avec le
corps, soit après la dissolution de celui-ci, n'est
jamais séparée de son périsprit, ajoute : « On a dit
« que l'esprit est une flamme, une étincelle, ceci
« doit s'entendre de l'esprit proprement dit (1),
« comme principe intellectuel et moral, et auquel
« on ne saurait attribuer une forme déterminée ;
« mais à quelque degré qu'il se trouve, il est tou-
» jours revêtu d'une enveloppe ou périsprit dont
« la nature s'éthérise à mesure qu'il se purifie
« et s'élève dans la hiérarchie ; de telle sorte que
« pour nous, l'idée de forme est inséparable de
« celle d'esprit et nous ne concevons pas l'une
« sans l'autre. Le périsprit fait donc partie inté-
« grante de l'esprit comme le corps fait partie in-
« tégrante de l'homme ; mais le périsprit seul n'est
« pas plus l'esprit que le corps n'est l'homme, car
« le périsprit ne pense pas ; il est à l'esprit ce que
« le corps est à l'homme ; c'est l'agent ou l'ins-

(1) Ces mots *flamme, étincelle,* sont une manière de
parler figurée ou tropique propre à vulgariser l'idée, mais
qui manque de rigueur philosophique. Il ne faut pas oublier que Allan Kardec écrit, non pour les abstracteurs de
quintessence, mais pour le peuple, c'est-à-dire pour tout
le monde et qu'il veut, avant tout, être compris. Il y a
réussi ; ses ouvrages sont répandus partout, ont été
traduits du français dans les autres langues civilisées et
se vendent de plus en plus.

« trument de son action. La forme du périsprit
« est la forme humaine, et lorsqu'il nous apparait,
« c'est généralement celle sous laquelle nous
« avons connu l'esprit de son vivant »

Dans d'autres passages de ses livres, Allan
Kardec donne des renseignements plus précis sur
la nature du périsprit. Il dit que la matière ne
s'arrête pas aux limites de la pesanteur et que cet
éther dont est formé le périsprit et qui peut être
considéré comme un fluide universel puisqu'il pé-
nètre tous les corps et remplit les espaces célestes,
est un corps, sans doute extrêmement subtil, mais
cependant matériel, et il ajoute que quoique impondérable (peut-être serait-il mieux de dire
impondéré jusqu'ici), il n'en est pas moins *le
principe de la matière pesante.*

Il est à remarquer qu'en dehors de cette dernière affirmation, qu'on peut regarder comme une
hypothèse extrêmement probable, tout le reste
s'accorde avec les plus récentes acquisitions de la
science. Après les travaux de Lamé et du P. Sec-
chi, la réalité de l'éther, sa matérialité, sa résistance, ses variations de densité, sa propriété de
transmettre le mouvement à la matière pesante et
sa corrélation avec les forces physiques peuvent
être regardées comme hors de doute.

De là, à considérer les molécules éthéréennes,
associées ou condensées par les forces cosmiques,
comme étant le point de départ de la matière pesante, il n'y a qu'un pas, et s'il est vrai que ce

pas, la science d'aujourd'hui ne l'ait pas encore franchi, il est problable que la science de demain le franchira (1).

Mais que le spiritualisme expérimental ait sur ce point précédé la science ou se soit appuyé de ses acquisitions, il n'en est pas moins resté fidèle à la méthode scientifique qui consiste à raisonner sur des faits en allant du connu à l'inconnu et soumettant ses conclusions au contrôle de la raison et de l'expérience.

Du reste, écoutez ce que dit Allan Kardec : « Le spiritisme procède exactement de la même manière que les sciences positives, c'est-à-dire qu'il applique la méthode expérimentale. Des faits d'un ordre nouveau se présentent qui ne peuvent s'expliquer par les lois connues; il les observe, les

(1) Un homme fort compétent dans les sciences physiques et mathématiques, M. F. Vallès, ancien élève de l'École polytechnique, ingénieur en retraite et inspecteur honoraire des ponts et chaussées, président de la société scientifique des études psychologiques, cite l'illustre de Boucheporn comme ayant démontré dans son grand ouvrage : *Du problème général de la philosophie naturelle*, publié en 1853, les théorèmes sur lesquels repose cette assertion d'Allan Kardec ou plutôt de l'*Esprit* qui lui aurait dicté tout son système (?). Voir le livre de M. F. Vallès, qui vient de paraître et où le fait se trouve discuté : *Entretiens sur le spiritisme*, 1879, imprimerie Décembre, à Paris, et se trouve à Paris, à la librairie des sciences psychologiques, rue Neuve-des-Petits-Champs, n. 5.

compose, les analyse, et des effets remontant aux
causes, il arrive à la loi qui les régit; puis il en
déduit les conséquences et en cherche les applica-
tions utiles. *Il n'établit aucune théorie pré-
conçue;* ainsi il n'a posé comme hypothèse, ni
l'existence et l'intervention des esprits, ni le périsprit, ni la réincarnation, ni aucun des principes de
la doctrine; il a conclu à l'existence des esprits
lorsque cette existence est ressortie avec évidence
de l'observation des faits, et ainsi des autres principes. Ce ne sont point les faits qui sont venus
après coup confirmer la théorie, mais la théorie
qui est venue subséquemment expliquer et résu-
mer les faits. Il est donc rigoureusement exact de
dire que le spiritisme est une science d'observation et non le produit de l'imagination. »

Après avoir établi dans vingt passages que la
théorie spirite es née de l'expérience et repose
tout entière sur des faits toujours vérifiables,
Allan Kardec termine par cette déclaration qui
ferme la bouche à tous ceux qui prétendraient,
comme le fait M. J. Soury, rejeter le spiritisme
en dehors de la science : « Le spiritisme, marchant avec le progrès, ne sera jamais débordé,
parce que, si de nouvelles découvertes lui démon-
traient qu'il est dans l'erreur sur un point, il se
modifierait sur ce point; si une nouvelle vérité se
révèle, il l'accepte. »

C'est bien là vraiment la profession de foi
de la science et ceux qui pensent ou agissent

autrement ne sont pas autorisés à parler en son nom.

Pour moi, je ne vois rien dans le spiritisme qui puisse infirmer le caractère scientifique qu'il faut maintenir à la psychologie, et je ne sais si c'est bien la peine de répondre à l'accusation que lui adresse M. Jules Soury, de faire revivre une croyance qui fut propre aux âges d'enfance de l'humanité. Il est vrai que la foi aux mânes, aux esprits des ancêtres se retrouve à l'origine de toutes les sociétés; mais il convient d'ajouter qu'elle les a fondées et maintenues, comme l'a si bien fait ressortir l'auteur de la *Cité antique* (1). Au lieu de faire un crime au spiritisme de nous rattacher ainsi aux plus vieilles croyances, je serais tenté de l'en remercier, lorsque je le vois faire renaître ce lien religieux à l'instant même où tous les autres achèvent de se rompre et, en se rompant, menacent l'ordre social d'une complète dissolution. N'est-il pas permis, sans y trouver aucun miracle, de voir dans ce fait quelque chose de providentiel? Ce qui n'empêche pas de le rattacher à l'évolution transformiste qui veut que le progrès spirituel se réalise comme la vie se développe au sein de la nature, en allant du moins au plus, mais à condition d'une communion universelle qui fournisse les éléments *de ce plus,* en per-

(1) M. Fustel de Coulange; voir ce livre, l'un des plus beaux qui aient été produits par notre XIXᵉ siècle et qui mérite d'avoir sa place à côté de l'*Esprit des lois.*

mettant à l'idée de se greffer sur un organisme préexistant et d'y introduire ainsi une nouvelle direction et de nouveaux éléments dynamiques qui élimineront les anciennes formes et en produiront de nouvelles supérieures à celles du passé. Telle est la loi palingénésique du progrès social comme du devenir de la nature. Dans les deux cas, il y a développement, mais il y a aussi création. Car *il y a création toutes les fois que quelque chose de nouveau s'introduit dans le monde.* Ce nouveau c'est l'idée destinée à s'implanter dans un milieu préparé d'avance (loi de finalité) et à s'y réaliser dans une forme adaptée à ce milieu. Mais toute idée est le fruit d'une pensée créatrice. Et voilà pourquoi tout ce qui se manifeste doit avoir une source spirituelle, être causé par une intelligence, qu'il s'agisse de l'ordre naturel et cosmique ou de l'ordre moral et social, ici c'est l'esprit de l'homme qui crée, c'est l'esprit de Dieu.

Me sera-t-il permis d'appuyer cette explication d'une parole plus autorisée, que la mienne celle de notre grand physiologiste Claude Bernard : « Ce « qui est essentiellement du domaine de la vie et « qui n'appartient ni à la chimie, ni à la physique, « ni à rien autre chose, c'est l'*idée directrice* de « cette évolution vitale. Dans tout germe vivant, « il y a une *idée créatrice* qui se développe et se « manifeste par l'organisation. Pendant toute sa « durée, l'être vivant reste sous l'influence de « cette même *force vitale créatrice,* et la mort

« arrive lorsqu'elle ne peut plus se réaliser. Ici,
« comme partout, tout dérive de *l'idée qui seule*
« *crée et dirige*... c'est toujours cette même *idée*
« *vitale* qui conserve l'être, en reconstituant les
« parties vivantes désorganisées par l'exercice ou
« détruites par les accidents et les maladies (1). »

— Je n'insiste pas. Ce n'est pas le lieu. Il y
aurait trop à dire. Je traterai la question à fond
dans un travail spécial.

Oh ! sans doute la foi aux esprits, avec le culte
des morts qui en est la conséquence (2), s'est
trouvé mêlée, dans le passé, à de sottes superstitions et à des pratiques parfois abominables. Mais
ces superstitions et ces pratiques étaient filles de
l'ignorance et de la barbarie. L'idée religieuse
n'en était pas la cause, mais l'occasion et le
prétexte. Il faudrait cependant s'habituer à ne

(1) Introduction à l'étude de la médecine expérimentale,
page 161.

(2) La croyance aux esprits peut être regardée comme
le fond commun de toutes les religions. C'est incontesta-
blement le fond commun des trois religions de la Chine,
celle du Tao ou de la Raison, celle de Confucius, qui en
dehors du culte des âmes des ancêtres, n'est qu'une philosophie morale, et celle de Fô ou Bouddhisme. C'est ce
fond commun qui crée entr'elles cette tolérance réciproque
dont elles font preuve au milieu de toutes les intolérances
religieuses qui existent au sein des races et des nations.
On peut ajouter que c'est à cette foi aux esprits et à ce
culte des ancêtres que la civilisation chinoise doit sa durée
trente fois séculaire.

pas confondre la superstition et le fanatisme avec la religion et savoir distinguer celle-ci des formes qu'elle peut revêtir à travers les siècles. Ces formes sont toujours relatives à l'état des milieux et au degré de développement des populations. Chez un peuple ignorant et barbare, la philosophie de Socrate ou celle de Chaning s'incrusterait bien vite de vaines et grossières pratiques. Portez au contraire la religion la plus intolérante, la plus fausse et la plus corrompue chez un peuple sage comme Socrate, éclairé et tolérant comme Chaning et vous la verrez, sous l'action d'un tel milieu, s'affranchir bien vite de ses corruptions, de ses impuretés, de ses intolérances !

C'est pourquoi je tiens pour la religion progressive, ou, si l'on veut, pour le progrès en religion comme en tout le reste, et je pense que le rôle de la philosophie n'est pas de détruire la religion, mais de la transformer en la rationalisant de plus en plus.

Si tel est le rôle de la philosophie, considérée comme science générale, le rôle de chaque science particulière sera de fournir pour cette œuvre d'élimination et de renouvellement son contingent de vérités et de notions positives.

Dans cet ordre d'idées, le spiritisme est appelé à introduire dans le processus religieux des données rationnelles et scientifiques qui transformeront les anciennes croyances en donnant à l'immortalité de l'âme une positivité, une précision qui

lui avait manqué jusqu'ici. C'est déjà ce qui doit
résulter de la théorie du périsprit ou corps éthéréen justifiée par les récentes découvertes de la
physique sur la nature de l'éther et la corrélation
des forces. Cette forme semi-matérielle de la
personnalité humaine faite de molécules (peut-
être même de globules) éthéréennes qui va s'al-
légeant et se spiritualisant de plus en plus à
mesure que l'âme s'améliore et se purifie, était
symboliquement représentée dans les religions de
l'antiquité par la *psychostasie* ou *pesée des
âmes*. La balance, dans laquelle la justice divine
pèse les âmes, se retrouve, non-seulement chez les
Egyptiens qui en ont peint l'image sur tous leurs
monuments funèbres, mais aussi chez les Indous, les Etrusques, les Grecs et chez les chré-
tiens qui l'ont sculptée sur les murs de leurs ca-
thédrales.

Ce n'est pas un mince mérite à la science de
pouvoir fournir une base positive et rationnelle
à un sentiment généralement répandu. C'est à peu
près à cela que se borne le progrès des idées
morales et religieuses. Dans cette sphère de nos
rapports, on n'invente guère, mais il y a toujours
à préciser, à éclaircir. En éliminant les idées
fausses; rationalisant et généralisant les idées
justes et vraies, l'esprit humain amène à l'état
d'évidence et de certitude scientifique ce qui ne
fut d'abord qu'à l'état d'instinct ou de sentiment,
puis d'opinion ou de croyance.

6.

Le vulgaire s'étonne du peu de progrès que fait la philosophie. Les Grecs, dit-on souvent, en savaient autant que nous et l'on n'a rien ajouté à la sagesse de Socrate ni à la morale de Jésus. Cette affirmation n'a de la vérité que l'apparence. S'il est vrai qu'on n'ait rien ajouté aux vérités absolues et éternelles qui doivent régir les consciences et que la vertu des Socrate, des Jésus, des Çakya-Mouni, des Epictète, des Marc-Aurèle, n'ait pas été surpassée, il est vrai aussi que nos vues sur le bien et le mal, le juste et l'injuste, le beau et le laid, se sont en bien des points rectifiées et éclaircies. Nous avons de nos droits et de nos devoirs comme individus, comme membres de la famille, de la patrie, de l'humanité ; nous avons sur toutes nos relations sociales avec nos semblables et avec nos frères inférieurs de l'animalité terrestre, des notions plus nettes, plus précises, et disons-le, plus charitables, plus humaines, plus généreuses. Quant aux types de vertu et de perfection morale, s'ils n'ont pas été dépassés *dans leur genre,* d'autres genres se sont produits qui sont venus augmenter le nombre des héros, des saints dont s'honore l'humanité. Il s'en produira d'autres encore, espérons-le, sans compter que le prestige du temps joue bien aussi son rôle dans l'affaire, et les exagérations de la renommée, et *la réclame* et la légende.... Toute vraie gloire gagne à vieillir, mais combien d'Achilles n'ont pas trouvé leur Homère et que de Psaphons passés *Dieux,*

pour avoir su dresser quelques milliers d'oiseaux
siffleurs à jeter leur nom à tous les échos du Pé-
loponèse ! — C'est pourquoi aussi il serait bien
désirable pour la morale qu'une telle répartition
du mérite et du démérite pût-être rectifiée dans
l'autre monde et eût une autre sanction que celle
de notre pauvre justice humaine, si partiale et si
aveugle, une sanction comme celle que nous trouvons dans l'âme immortelle construisant, par ses
pensées et par ses actes, son être futur et se re-
trouvant toujours, dans ses vies successives, ce
qu'elle s'est faite elle-même par son œuvre quotidienne dans une existence antérieure.

Je voudrais bien arrêter ici cette lettre déjà
trop longue. Aussi bien je n'ai pas pris la plume
pour écrire un panégyrique du spiritisme, qui
certes n'en a pas besoin. Au train dont il marche,
il n'en a pas pour cinquante à ans conquérir le
monde. D'ailleurs, je ne puis parler du spiritisme
sans faire certaines réserves. Ainsi s'il faut, pour
être classé parmi ses adeptes, croire absolument
que les phénomènes du spiritisme ont une source
transmondaine, sont produits par des esprits, par
des âmes dépouillées de leurs corps terrestres, je
ne suis pas fondé à me dire spirite, car il me reste
de grands doutes sur ce point; jusqu'ici, les faits

dont j'ai pu être témoin peuvent à la rigueur être
expliqués par le jeu de forces émanées d'êtres de
chair et d'os, appartenant fort bien à la vie de ce
monde. On peut se demander si l'esprit des vivants
ne pourrait pas faire, même inconsciemment, par
l'association des forces physiques et psychiques
dont il dispose, ce que fait, nous dit-on, l'esprit
des morts ?

Les tables mouvantes et parlantes sont dans ce
cas et aussi la plupart des faits du magnétisme et
de l'extase. Il est vrai qu'il reste des phénomènes
qui peuvent bien difficilement s'expliquer de cette
manière, ou qui même ne sauraient s'expliquer
ainsi : par exemple, ceux d'apports, de matérialisation ou d'apparitions d'êtres revêtus d'une
forme corporelle qui se concrète et se dissipe sous
les yeux des spectateurs, comme les faits dont
l'éminent chimiste physicien, William Croockes,
aurait été plusieurs fois témoin. Ce n'est pas qu'il
me répugne de croire à des rapports possibles
entre les âmes vivant encore sur cette terre et
celles qui n'y sont plus. Pour moi, ce n'est là
qu'un mode normal de la communion spirituelle
qui, de près ou de loin, s'accomplit entre tous les
êtres, sous la loi de l'universelle solidarité.

Mais la vraie méthode exige que nous tâ-
chions d'expliquer les phénomènes par l'action
des forces naturelles qui nous sont connues
avant d'en supposer de nouvelles que nous
ignorons ; et puis, on ne saurait trop se défier

du mystère quand il peut être exploité par les marchands de miracles.

Mais ces réserves faites, je ne cache pas que j'ai le plus grand désir de trouver dans le spectacle de phénomènes bien établis, incontestables, la confirmation de mes croyances dans la survivance de l'âme et aussi dans la communion des vivants et des morts qui doit en être le corollaire. Seulement plus je désire que la chose soit vraie, plus je redoute de me faire illusion, — on croit si facilement ce qu'on désire ! — Et plus aussi j'ai le devoir de ne pas contribuer à faire illusion aux autres. La vérité avant tout !

Je ne puis cependant clore cette réponse à d'injustes accusations contre l'*animisme* en général, et le spiritisme en particulier sans faire remarquer que ce dernier venu parmi les divers systèmes vitalistes apporte aux deux conceptions antagoniques, le spiritualisme et le matérialisme, en lutte depuis si longtemps, un moyen de conciliation et de synthèse. Le spiritualisme, en devenant expérimental, avec les manifestations dites spirites, satisfait pleinement à la méthode des sciences naturelles, et l'âme, en se trouvant revêtue après la mort d'un organisme éthéréen, dit périsprit, organisme très-subtil sans doute, mais cependant matériel, rentre forcément dans les lois qui régissent toutes les forces cosmiques, chimiques, biologiques ou physico-psychiques. Que faut-il de plus pour donner satisfaction au point de vue matérialiste ? D'une autre part, le spiritualisme a tout à gagner à pouvoir sortir des vacuités métaphysiques pour se placer sur le terrain de la science positive et s'appuyer sur des faits concrets pour remonter de la multiplicité matérielle à l'unité spirituelle, où l'être raisonnable et conscient se connaît, se possède et se réfléchit, soit que l'on considère cette unité dans l'homme terrestre ou dans toute autre hominalité placée à une étape supérieure de l'échelle de la vie, soit qu'élevant le concept de l'être à la plus haute puissance, c'est-à-dire jusqu'à la plénitude de l'existence, on affirme l'unité suprême et universelle où convergent tous les rapports pour s'y harmoniser, et que la lèvre humaine se laisse aller à murmurer le nom de DIEU.

*
* *

Ce grand nom de Dieu, si décrié à la fois par ceux qui l'ont exploité et par ceux qui le proscrivent, me rappelle une phrase de M. J. Soury, où ce critique, trop aveuglément sectaire pour ne pas être de bonne foi, défend les adeptes du magnétisme animal et du spiritisme contre l'accusation d'imposture calculée et volontaire. Nous croyons qu'il faut rendre à M. Jules Soury la même charité et la même justice en lui appliquant ses propres paroles :

« Imposteurs, dit-il, ils l'ont souvent été; mais

on se montrerait bien frivole et on ferait preuve
de peu de psychologie si l'on soutenait qu'ils le
sont toujours parce qu'ils le sont quelquefois. *La
conscience comporte trop d'inconscience,* si
j'ose dire, *elle est chose trop complexe et trop
obscure chez le croyant comme chez le savant
lui-même,* pour qu'on lui applique nos naïves
formules morales et les distinctions classiques de
la bonne et de la mauvaise foi. »

Je suis de ceux qui tiennent pour *l'application
des naïves formules de notre sens moral,* mais
cette réserve faite, je pense avec M. J. Soury, que
nous devons être portés à une grande indulgence
réciproque, en songeant que nous marchons encore au milieu de fausses lueurs et de demi-
ténèbres qui suscitent entre nous, ignorants ou
savants, une foule de malentendus.

Nous ne voyons jamais qu'un seul côté des choses!

A fort bien dit le poëte, et c'est là le malheur.

C'est ainsi que moi-même, qui me défie tant
de cette tendance et cherche toujours la conciliation dans la synthèse, j'ai accusé Haeckel d'un
mécanicisme brutiste qui n'est peut-être point
dans sa pensée, — à moins que cet éminent naturaliste ne se contredise lui-même au plus haut point
dans la systématisation de ses idées. La conciliation est en effet bien difficile entre des phrases comme celles-ci représentant deux thèses contraires:

Thèse mécaniciste.

« Toutes les diverses formes organisées que
« nous sommes accoutumés à considérer comme
« étant les produits d'une force créatrice active
« et téléologique, nous pouvons les comprendre,
« conformément à cette théorie de la sélection,
« comme les produits nécessaires d'une sélection
« naturelle agissant *sans but* et d'une action com-
« binée, *insconsciente*, de deux grandes pro-
« priétés, la variabilité et l'hérédité (1).

Et encore :

« Ces faits (les faits d'hérédité) prouvent bien,
« et d'une manière irréfutable, que l'âme de
« l'homme, comme celle des bêtes n'est qu'une
« *activité mécanique,* la source des mouvements
« moléculaires, accomplis par les particules cé-
« rébrales (2).

Thèse animiste.

Après avoir critiqué l'idée d'un Dieu anthropo-
morphe et extérieur au monde, Haeckel s'exprime
ainsi : « Cette idée dualistique et si vulgaire de

(1) *Histoire de la création naturelle.* — Huitième leçon, p. 157 de la traduction française.
(2) Même ouvrage, p. 161.

« Dieu répond à un degré de développement, ani-
« mal, inférieur, de l'organisme humain. L'hom-
« me actuel parvenu à un haut degré de dévelop-
« pement peut et doit se faire de Dieu une idée in-
« finiment plus noble, plus élevée, la seule qui soit
« compatible avec la conception monistique du
« monde. Suivant cette manière de voir, il faut
« reconnaître *l'esprit et la force de Dieu* dans
« tous les phénomènes sans exception. Cette idée
« monistique de Dieu, qui est celle de l'avenir, a
« déjà été exprimée par Giordano Bruno en ces termes : « Dans tout il y a *un esprit ;* pas un corps,
« si petit soit-il, qui ne renferme une parcelle de
« la substance divine qui *l'anime.* » Goethe se
fait aussi de Dieu la même idée embellie, quand
il dit : « Certainement, nul culte n'est plus beau
« que celui qui se passe de toute image et pro-
« vient seulement d'une sorte de dialogue entre
« la nature et notre cœur. Par là, nous parve-
« venons à la conception élevée de l'unité de
« Dieu et de la nature. » (1).

Tout cela est très-bien dit. Seulement on tombe
ainsi dans le panthéisme, dont justement le transformisme, bien compris, peut nous délivrer. C'est
ce que nous nous chargeons de démontrer dans
une autre étude.

Encore une citation dans le sens animiste. Celle-
ci est empruntée à une production plus récente du

(1) Même ouvrage, fin de la troisième leçon p. 63.

savant naturaliste (son discours de Munich au
congrès des naturalistes allemands, 1877) : « Du
« reste, cette grande question de l'âme nous ap-
« paraît aujourd'hui sous un tout autre jour qu'il
« y a vingt ans, et même dix ans. De quelque
« façon qu'on se représente l'union de l'âme et
« du corps, de l'esprit et de la matière, il n'en
« ressort pas moins clairement de la théorie de
« l'évolution qu'au moins toute la matière orga-
« nique en général, est, dans un certain sens,
« *pourvue de propriétés intellectuelles.* D'a-
« bord les progrès des recherches microscopiques
« nous ont appris que les parties élémentaires des
« organes, les cellules, possèdent en général, *une*
« *vie individuelle psychique.* Depuis quarante
« ans, c'est-à-dire depuis l'époque où Schleiden
« fonda, à Iéna, la théorie cellulaire du règne vé-
« gétal, théorie qui fut appliquée aussitôt au rè-
« gne animal par Schwann, nous attribuons à ces
« êtres microscopiques une vie individuelle pro-
« pre. Ce sont les vrais individus de premier
« ordre... les citoyens vivants et actifs d'un
« même État. »

Voilà qui est parfait et d'autant plus parfait à
nos yeux que l'on est ainsi amené à affirmer la
grande république des êtres et la communion universelle au sein de l'unité divine, sans tomber ni
dans le panthéisme ni dans l'anthropomorphisme
surnaturaliste. En tout cas, Haeckel, dans ces
deux derniers passages, écrits à dix ans de distance, se montre on ne peut plus religieux.

Mais, j'y pense, comment se fait-il que M. Jules
Soury dans ses nombreux commentaires sur Haeckel et dans ses traductions ne nous montre jamais
le maître sous cet aspect ? — Mystère.

N'insistons pas.

Mais il manquait une conclusion à cette étude
sommaire du transformisme matérialiste. Elle nous
arrive justement d'Allemagne alors que tout ce
qui précède était sous presse. Un ami nous écrit
ceci :

« Helvald a fait imprimer à Stuttgard en 1877
une seconde édition de son *Histoire de la civilisation* 2 grands volumes in-8°. L'ouvrage est dé-
dié à Ernest Haeckel et composé suivant les principes du célèbre apôtre du tranformisme. Il étu-
die le « processus » de l'humanité, son évolution
progressive. L'humanité se développe d'après des
lois nécessaires et l'auteur suit ces lois dans leurs
manifestations successives depuis le chaos, depuis
l'arrivée de l'homme sur la terre, lorsqu'il n'était
qu'une monère formée de substance amylacée, jusqu'à l'heure actuelle. Tout s'ensuit, selon lui,
parce que la loi d'hérédité l'a voulu, loi aussi
vraie pour les nations que pour les individus.
Dans l'histoire l'individu n'est qu'une création de
son temps et l'homme dégénéré est le produit
symbolique de son époque.

« Quant à la morale, l'histoire n'a pas à s'en occuper. Philippe de Macédoine a conquis la Grèce
en employant les moyens les plus immoraux, les

plus criminels dit-on. Il a obéi à la nécessité du
« processus » de l'humanité. L'histoire n'a pas de
blâme à lui infliger. Elle n'a pas de compétence
pour prononcer de ces sortes de jugement.

« L'auteur est *césarien* parce que l'autocrate
militaire lui semble le produit le *plus indigène*
de son temps et l'instrument le plus propre dans
sa voie nécessaire. »

« M. Hellvald se montre sympathique à la
France (surtout à cause des Napoléon), parce que
plus que toutes les nations, la France a commandé
au « processus » de l'humanité et a mérité ainsi
d'être à la tête de l'humanité.

« Le monde finira un jour par le déssèchement
universel. L'homme finira « comme ont fini les
rares animaux disparus, » et alors la civilisation
actuelle, avec ses passions, ses idées, ses révolu-
tions, aura vécu, et alors, dit l'auteur, en terminant son livre: « *Wozu?* » c'est-à-dire: *A
quoi bon*(1)? »

(1) Un homme, en France, sans connaître le transformisme matérialiste, avait déjà résumé assez drôlement
cette manière de comprendre les choses en un pathos ni-
hiliste dont il avait fait sa devise. Cet épicurien, qui eût
été un grand écrivain et un poëte si la forme et la couleur
pouvaient remplacer l'âme, s'appelait Théophile Gauthier.
Voici sa conclusion dernière qui vaut bien le *Wozu?* « A
quoi bon? » de M. Helvald: « *Rien ne sert à rien. — Et
« d'abord il n'y a rien. — Cependant tout arrive. Mais
« cela est indifférent.* »

Tel est donc le dernier mot du matérialisme transformiste. L'Être aura vainement parcouru à travers tant de sanglants sacrifices l'échelle ascendante de la vie. L'homme aura vainement lutté, gémi, peiné, travaillé, durant tant de siècles pour se connaître et se posséder dans sa raison consciente et dans sa liberté. Il aura passé inutile à son globe et au monde. Inutile à lui-même et à ses semblables, il n'aura rien fait de durable, rien construit, rien édifié ! Après comme avant, sa collaboration à la création terrestre, l'être humain n'existe pas et l'humanité n'est qu'un mot !

S'il est vrai qu'on ne connaisse les principes que par les conséquences qu'ils produisent et qu'on ne puisse juger d'une conception générale que par la pratique sociale qui doit logiquement en résulter, nous voyons par la philosophie de l'histoire du disciple de Hæckel ce que vaut la théorie transformiste du maitre. Ainsi le fatalisme historique, la négation de la liberté morale, l'absence de moralité dans les rapports sociaux; point de fraternité humaine, point de but à la vie, point de sanction aux lois de la conscience ! — Voilà le résultat auquel on nous convie, au nom de la science ! oui, la fin de la civilisation par la science, et puis le néant ! Dites, n'est-ce pas à vous dégoûter de la science et à vous précipiter dans les bras de la foi aveugle et de la réaction cléricale ?

7.

Heureusement l'esprit humain marche. La science d'aujourd'hui, qui se trompe pour ne voir qu'un seul côté des choses et ne pas se rendre compte de ses ignorances, sera rectifiée par la science de demain, et quoi que disent les faux savants et les sophistes, la vérité triomphera.

Non, ce n'est pas par un « processus » aveugle de la vie sociale que le piritualisme expérimental s'est manifesté dans le monde, juste au moment où se produisaient les doctrines *nihilistes* de quelques philosophes et les théories *brutistes* de quelques naturalistes trop pressés de conclure. Il est permis de voir dans l'apparition des phénomènes du magnétisme et du spiritisme une espèce de révélation, mais celle-là toute naturelle et nullement miraculeuse, puisqu'elle arrive à son heure, quand le milieu est préparé pour l'idéal nouveau et qu'il peut s'appuyer sur la science elle-même, dont elle vient élargir les horizons.

C'est là vous dis-je l'un des plus grands événements qui se soient jamais produits dans la vie de l'espèce. Il intéresse à la fois les sciences naturelles et les sciences sociales. Il apporte un champ nouveau d'expériences à la physique, à la chimie, à la physiologie, à la psychologie, à laquelle il offre une base positive qui lui a manqué jusqu'ici. En prouvant par des faits sensibles qu'il existe des rapports réels entre les vivants et les morts, il met l'immortalité de l'âme hors de doute et apporte à la pratique de la morale des mobiles pour le bien

et une sanction effective qui, pour la première fois,
n'auront rien emprunté aux dogmes fondés sur le
miracle. Enfin, par ce fait même d'une communion
permanente entre ceux qui vivent sur cette terre
et ceux qui n'y sont plus, le lien social qui
s'est établi entre les hommes, en allant de l'individu à la famille, de la famille à la tribu, à la
cité, à la nation, à la race, à l'espèce, et qui n'a
pu jusqu'ici les unir que d'une façon si faible les
uns aux autres et plutôt en théorie qu'en pratique, le lien social se trouve solidariser *effecti-
vement* toutes les générations humaines, de sorte
que tous les hommes, qu'ils soient de ce côté ou
de l'autre côté de la tombe, en s'aimant les uns
les autres et travaillant à leur amélioration mu-
tuelle, construisent *réellement* ce grand corps de
l'humanité, dont ils se reconnaissent les membres,
mais membres disjoints jusqu'ici et séparés par
plus d'égoïsme bestial et de haines sauvages que
notre pauvre terre n'en peut porter.

Que l'idéal humain fasse un tel pas, que de
l'âme des meilleurs et des plus avancés, il se ré-
pande dans les masses, la vraie religion, la religion de l'humanité se fonde et la face de la terre
se trouve renouvelée.

CH. FAUVETY.

SPIRITES ET SAVANTS (1)

I

S'il fallait en croire un vieux professeur de philosophie, professeur émérite, ou digne de l'être, car il a
soixante-quatorze ans bien sonnés, une question capitale s'imposerait aujourd'hui à l'attention du monde
savant, celle de savoir « s'il existe un monde des
esprits en rapport avec notre monde terrestre et capable d'y exercer une action sensible » (2). Ulrici,
comme on pouvait le prévoir, ne s'est pas contenté de
poser la question : ceux qui appellent l'examen de la
science sur les manifestations spirites sont de la même
famille d'esprits que ceux qui réclament une commission de membres de l'Académie de médecine pour
constater les guérisons de Lourdes et de la Salette ;
ce sont gens tellement convaincus qu'ils n'admettent
plus qu'on puisse regarder avec ironie ou dédain,
encore que sans hostilité déclarée, les objets de leur
foi. Toute croyance religieuse ou métaphysique est,
de sa nature, conquérante. Le savant, les mains plei-
nes de vérités abstraites, se garde bien de les ouvrir ;

(1) Voir la *République française* du 7 octobre 1879.
(2) Ulrici. « Der sogenannte Spiritismus, eine wissenschaftliche Frage, » in « Zeitschrift fuer Philosophie und
philos. Kritik », 74. vol., 2. fascicule, 1879, p. 264.

les méthodes et les principes de sa science demeurent
inaccessibles au grand nombre. Dans tout croyant,
au contraire, il y a un apôtre, un homme désireux de
convertir le genre humain et qui souffrirait avec
moins d'impatience la persécution que l'indifférence.

On sait ce que Édouard Tylor désigne par les mots
de « survivance dans la civilisation » *(revival in culture)*. La croyance aux spectres et aux esprits, le
spiritisme et le spiritualisme, rentrent de plein droit
dans la grande catégorie des faits de ce genre. Pour
tout homme simplement instruit et capable de conduire sa pensée avec méthode, ce qu'on nomme les
« phénomènes spirites » ne saurait être l'objet d'un
examen scientifique. Les conditions des faits allégués
(et ces faits sont partout et toujours les mêmes) re-
lèvent ou de la psychiâtrie, ou de la prestidigitation,
voire de la police correctionnelle. C'est précisément le
cas pour le fameux spirite américain Henri Slade,
dont les séances de Leipzig paraissent avoir déterminé chez le professeur Ulrici un état d'esprit depuis
longtemps préparé, et ont été la cause et l'origine de
l'article publié dans la *Zeitschrift fuer Philosophie
und philosophische Kritik*, article auquel a répondu
le professeur W. Wundt dans une *Lettre* (1), fort
piquante en quelques endroits, que nous analyserons.

_____

(1) « Der Spiritismus. Eine sogenannte wissenschaftliche
Frage. » Offener Brief an Herrn Prof. Dr. Hermann Ulrici, in Halle, von W. Wundt, Professor in Leipzig, En-
gelmann, 1879.

Mais avant, il convient de dire quelques mots du
médium Henri Slade lui-même, de ses démêlés avec
la police de Londres et avec celle de Berlin, enfin de
ces séances de Leipzig, où assistèrent, dans la maison
de Zœllner, avec W. Weber et Th. Fechner, Ludwig
et Thiersch, nombre d'autres professeurs de la grande
université allemande, et parmi eux, Guillaume Wundt.

Les faits que nous allons rapporter sont tirés des
journaux anglais et allemands, des interrogatoires
subis par Slade, des textes des plaidoiries et des ju-
gements rendus. La plupart de ces documents ont été
réunis, non par un adversaire du spiritisme, mais par
l'apôtre le plus enthousiaste de Slade, par Zœllner
lui-même, dans le deuxième volume de ses *Mémoires
scientifiques* (1). Déjà, lorsqu'une revue française
rendit compte naguère du premier volume de ces
Mémoires (2), elle déplorait qu'un savant tel que
Zœllner s'adressât en réalité aux spirites, et non plus
aux physiciens et aux philosophes, en maintes pages de
ses écrits. Cette fois, ce n'est plus quelques pages, mais
presque un volume d'apologie que Zœllner consacre à
la personne, aux « persécutions » et aux « expériences » du fameux médium américain. Ce travail de Zœllner sera un précieux document pour l'historien psycho-
logue qui, quelque jour, essayera d'esquisser cette

(1) « Wissenschaftliche Abhandlungen » von Friedrich
Zœllner. II ter. Band. Leipzig, 1878, in-8.

(2) « Revue philosophique. » 1878. n. 11. p. 520 et suivantes.

figure étrange. Par une fiction poétique, ou plutôt spirite, Zœllner évoque ici, comme un génie familier,
l'ombre de Grimmelshausen, l'auteur de l'*Aventureux
Simplicius Simplicissimus*. Grimmelshausen tire à
chaque instant de de la quatrième dimension de l'espace, son empire, et présente à Zœllner tous les papiers
relatifs à Slade, avec quantité de fragments d'écrits de
Virchow, de Helmholtz, de Du Bois-Reymond, tous
savants d'un scepticisme endurci à l'endroit du monde
des esprits. Le ton lyrique que prend souvent Zœllner,
ses apostrophes à Grimmelshausen, sa prière au « Père
des cieux étoilés, » (1) quelques légères incohérences
dans le discours, le retour périodique des mêmes phrases
et des mêmes idées, tout semble rappeler les symptômes d'un état mental qui peut d'ailleurs coexister
quelque temps avec une fructueuse activité scientifique dans le domaine de l'astronomie physique.

Henri Slade est un Américain de haute taille, un
Yankee aux mouvements lents et circonspects, aux
longs bras, aux longues jambes, aux longs doigts
minces et effilés ; il porte les cheveux frisés et de longues moustaches; le visage est d'une pâleur de spectre;
les yeux brillent d'un éclat qui n'est pas sans douceur.
D'ordinaire froid et réservé, il rit quelquefois d'un
rire silencieux : ainsi, lorsque Zœllner lui proposait
certaines expériences, comme s'il eût douté que les
esprits consentissent à les accomplir. Slade se donne,
en effet, comme tous les médiums, pour un instrument

(1) « Wissenschaftliche Abhandlungen. » p. 376.

purement passif de ces êtres, encore que cette prétention ne s'accorde guère avec sa manière de procéder,
ainsi que l'a noté Wundt. Une chose au moins est certaine, c'est que Slade déploie une très-grande activité
pratique et s'entend mieux qu'aucun impresario à orga-
niser des représentations, je veux dire des « séances »
dans presque toutes les grandes villes de l'Europe. Il
est accompagné d'un factotum, M. Simmons, person-
nage assez étrange et mystérieux, à en juger par le
procès de Londres, et de deux jeunes filles charmantes,
dont l'une est, dit-on, sa nièce. Slade est veuf; sa femme,
qui en ce monde s'appelait Allie, ne l'a pourtant pas
tout à fait abandonné : c'est l'esprit qui écrit sur les tablettes dans les séances et qui rend des oracles infiniment moins obscurs que ceux des prêtresses de Del-
phes. Quant à l'écriture d'Allie, il s'est rencontré des
gens qui ont été frappés de la ressemblance qu'elle
offre avec celle de son terrestre époux, Henri Slade.
Avant d'être admis à voir le célèbre médium lui-même,
les visiteurs sont d'abord reçus au salon par les deux
jeunes femmes. Il semble bien qu'elles examinent alors,
sans en avoir l'air, de leurs fins et pénétrants regards,
les étrangers, et que, lorsque Slade paraît, elles ne
laissent pas de lui faire connaître, par quelque signe
imperceptible, le résultat de leurs observations (1). Le
spirite agit en conséquence, tandis que le factotum cou-
che sur le grand livre les noms des visiteurs de marque

(1) Zœllner, « Wissenschaftliche Abhandlungen, »
p. 392.

et fait la caisse. Les sommes ainsi recueillies sont relativement fort élevées, et les séances de tel médium ont rapporté plus d'argent que les représentations extraordinaires des plus fameux ténors. Ajoutez que les frais du spirite ne sont point considérables : une chambre d'hôtel, une petite table, quelques tablettes d'ardoise, deux ou trois chaises et, à défaut de paravent, un harmonica ou quelque boîte à musique. Le programme, enfin, ne varie guère, et presque toutes les « expériences » que Zœllner s'imagine avoir suggérées au médium (lequel a su lui en inspirer l'idée) avaient déjà été répétées à satiété, soit à New-York, soit à Londres, soit à Berlin, devant les curieux des choses surnaturelles. Ainsi, les esprits frappent d'abord quelques coups sous la table pour commencer, l'ombre d'Allie écrit sur les planchettes d'ardoise, les chaises se mettent à exécuter seules quelques pas d'une danse d'outre-tombe, et le paravent, quand il y en a un, se déchire comme le voile du temple de Jérusalem. La niaiserie, le vague, et surtout la brièveté monosyllabique des réponses que font les esprits au cours des séances, sont aujourd'hui proverbiales. Le spirite, on le conçoit, que ce soit Slade ou tout autre prestidigitateur, n'a pas alors le loisir d'en écrire bien long sous la table. En revanche, plusieurs lignes d'écriture (en fort belle anglaise) couvrent parfois un côté de la double planchette sur laquelle écrivent les esprits avant toute espèce d'interrogations indiscrètes. Par politesse, sans doute, les esprits écrivent volontiers alors, mais alors seulement, en plusieurs langues et alphabets. Non qu'ils se piquent de pu-

risme : l'allemand de feu mistress Allie, si Slade n'est
pas le vrai coupable, est d'une mince écolière améri-
caine. Quant au russe, il est, paraît-il, d'une rare fan-
taisie. M. Slade ne sait que l'anglais, et il y a apparence qu'il ne sera jamais fort en thèmes allemands ou
russes. Pourtant il n'a guère qu'à recopier les exemples
des grammaires étrangères et les versions en langue
vulgaire de la Bible, car c'est à de tels livres qu'ont été
évidemment empruntés les lieux communs et les sen-
tences bibliques qu'on lit sur les tablettes d'ardoise :
« Cherchez et vous trouverez. » — « Et Jésus leur répondit : Le Dieu que vous croyez est celui qui m'a
envoyé, etc. »

Les supercheries du médium américain Henri Slade
ont été souvent démasquées, notamment dans le *Times*
du 16 septembre 1876, par le professeur Ray Lankester, professeur de zoologie à l'*University College* de
Londres. Dénoncé à la justice en vertu d'une vieille loi
anglaise qui atteint ces sortes de gens comme fourbes
et vagabonds, Slade comparut devant les tribunaux de
Londres et assista à son procès les 20, 21, 27, 28 et
31 octobre 1876. Ce fut à la requête du professeur Ray
Lankester et du docteur Donkin que les poursuites eurent lieu. Parmi les témoins à charge, on en entend
qui, comme Richard Hold Hutton, membre du Sénat,
de l'Université de Londres, ont donné de grosses sommes au factotum de Slade ; tel autre, Walter Herries
Pollock, déclare que Slade a pris pour un nom de personne le nom d'un livre, etc. Au premier rang des témoins à décharge figure, chose triste à dire, l'illustre

émule de Darwin, Alfred Wallace. Slade fut condamné
à subir trois mois de prison dans une maison de cor-
rection. Il en appela, et resta libre moyennant une
caution de deux cents livres sterling que le docteur
Wyld et un autre Anglais s'empressèrent de prêter.
Trois mois après, le 29 janvier 1877, le procès se termina par un acquittement en cour d'appel. Slade quitta
alors l'Angleterre ; il alla donner des séances de spiritisme en Hollande. Vers la fin de la même année, il
est à Berlin ; il tourne quelques têtes, mais il déchaîne
contre lui les plus violentes colères de l'opinion. Les
attaques de la *Volkszeitung* (18, 21 décembre et
27 mars 1877) et les protestations de la *Post*, entre
autres, amoncellent sur la tête du médium un nouvel
orage qui va le forcer de fuir encore. A Berlin aussi,
les tours de Slade furent dévoilés et même imités par
le prestidigitateur Hermann et le physicien Bœttcher.
Le médium trouva, à la vérité, un compère en Bellachini, le prestidigitateur de la cour, qui déclara par-
devant notaire que Slade n'était pas un compère, mais
un très-grand savant. Un correspondant du *Garten-
laub*, de Leipzig, R. Elcho, découvrit, comme on dit,
le pot aux roses : les courtes réponses de l'esprit, toujours rédigées en anglais et d'une écriture rapide,
étaient bien de la main de Slade ; le côté de la double
planchette d'ardoise, tracé par une main élégante et
en différentes langues, était écrit d'avance.

Quelques écoliers enthousiastes allèrent pourtant
frapper aux portes de leurs professeurs, afin de savoir
ce qu'ils devaient croire de ces merveilles, ou pour

prier ces savants d'examiner eux-mêmes les prodiges
du médium américain. M. de Hartmann se récusa d'un
air assez embarrassé, peu soucieux sans doute de reconnaître en Slade un disciple militant de sa doctrine,
un apôtre de la philosophie de l'inconscient, surtout
depuis que Dühring a fait toucher du doigt les affinités
de cette philosophie avec le spiritisme américain (1).
Virchow, à en croire le témoignage indigné d'Arsakof,
— un de ces Slaves qui seraient les premiers spirites
de l'univers si l'Amérique n'existait pas, — Virchow
s'amusa à poser les conditions suivantes : 1. M. Slade
se soumettra à tout ce qu'exigeront les personnes
chargées de l'examiner ; 2. le professeur Virchow lui
liera solidement les pieds et les mains ; 3. un observateur sera placé à chaque pied de la table. — On
pense si le médium américain fit la sourde oreille !

Quant à Helmholtz, il répondit (4 novembre 1877) à
peu près comme avait fait jadis Faraday à une invitation des frères Davenport. « Messieurs, dit en sou-
riant avec bonté l'illustre physiologiste allemand, vous
avez eu affaire à un prestidigitateur extrêmement
habile ; les nôtres accomplissent déjà des merveilles,
mais les Américains sont encore plus forts. Je ne
saurais, à mon regret, me livrer à une étude du genre
de celle à laquelle vous me conviez. Je vous remercie
de votre confiance et vous recommande la plus grande
circonspection ». Deux mois plus tard, en janvier

(I) Dühring, « Kritische Geschichte der Philosophie, »
3. Aufl. Leipsig, 1878), p. 522.

(1) 187, Slade était, en réalité, expulsé de Berlin par
la police ; d'innombrables lettres de menaces et de dé-
nonciation contre les pratiques frauduleuses du spirite
américain étaient, en effet, parvenues à la police ; elle
craignait d'être bientôt impuissante à le protéger.

A Leipzig, où il vint loger chez un ami de Zœllner,
Slade recommença le cours de ses exercices : évocation
des esprits des morts (2), écritures spirites, apparition
de mains et de pieds des trépassés : bref, tout le vieux
jeu naïvement décrit par Zœllner en ses *Mémoires
scientifiques*, sous ce titre pompeux : *Mes Expériences
avec M. Slade à Leipzig* (3). Ce n'est pas le lieu de
parler des spéculations du savant astronome sur le pré-
tendu espace à quatre dimensions que lui ont révélé les
esprits, ni d'insister une fois de plus sur les bizarreries
de ce puissant penseur qui, à s'enivrer ainsi de visions
malsaines, finira peut-être par l'illuminisme et la folie
lucide. Lui-même raconte que, il y a six ans, quand
parut son beau livre sur *la Nature des comètes*, le
bruit courut qu'il était devenu fou (4). « Les conceptions scientifiques de M. Zœllner, a écrit M. E. Bouty,
sont empreintes d'un caractère de personnalité très-

---

(1) Zœllner, « Wissensch. Abhandlungen, » page 387.
(2) C'est bien aux esprits des morts, quelquefois visibles
et tangibles, que Slade, et avec lui Zœllner et Ulrici, at-
tribue les « phénomènes » spirites. (Zœllner, « Wiss.
Abhandl. », p. 379; Ulrici, « Zeitschrift. », p. 267.)
(3) Page 325 et suivantes.
(4) Ibid., p. 423.

accusé. Doué d'une imagination exubérante, ce savant accorde volontiers une foi absolue à l'objectivité de ses hypothèses, et il supplée trop aisément au manque d'une critique approfondie par une polémique qu'on est surpris de trouver aussi acerbe. » Le même critique a noté que Zœllner est revenu à la théorie de l'émission, abandonnée depuis un demi-siècle pour l'explication des phénomènes lumineux ; le résultat des calculs de Zœllner lui a paru, à cet égard, aussi infécond que l'hypothèse si peu justifiée qui leur sert de fondement et que le reste du système de Weber. Or, ici encore, c'est le culte qu'a voué Zœllner à son vénérable collègue, le physicien Guillaume Weber, qui l'a conduit à embrasser aveuglément des croyances scientifiques qui, chez lui, se transforment toujours en une sorte de foi religieuse. Il a précisément fait suivre les « expériences » qu'il croit avoir instituées avec Slade, par G. Weber et Th. Fechner ; jamais il n'oublie de présenter ces savants illustres comme des témoins de ses expériences, et, de fait, le témoignage de pareils hommes ne manquerait point de poids, si l'un n'était âgé de soixante-seize ans et l'autre de soixante-dix-neuf ans.

J'ai hâte d'arriver, maintenant que l'on connaît Slade, à la *Lettre* que Wundt vient d'adresser à Ulrici. Wundt avait été nommé parmi les professeurs de l'Université de Leipzig qui ont assisté aux séances du médium américain ; il a donc tenu à déclarer publiquement son sentiment sur une question qu'Ulrici appelle « scientifique, » parce que des savants considérables

l'auraient, suivant ce philosophe, examinée sérieusement. Par lui-même, Ulrici n'a rien vu; sa foi repose
uniquement sur l'autorité de quelques témoins. Mais
ces témoins, dit Ulrici, sont des physiciens, des naturalistes : c'est bien là une autorité scientifique. Or, à
quels signes reconnait-on, en réalité, une autorité
scientifique? Quelle confiance doit-on accorder au témoignage d'autrui touchant les faits et les doctrines de
nos sciences? Voilà les questions que Wundt adresse
tout d'abord à Ulrici.

Touchant la première de ces questions, dit-il, il est
clair que, parce qu'un homme est éminent dans une
science, il ne s'en suit pas qu'il possède dans toutes la
même autorité scientifique. Le grand nom d'Isaac
Newton n'a pu sauver d'un rapide oubli le commen-
taire du géomètre sur l'*Apocalypse.* Les naturalistes
anglais et allemands qu'invoque Ulrici, éminents dans
leurs sciences respectives, étaient incompétents pour
juger des phénomènes qui différaient absolument de
ceux qu'observe d'ordinaire le naturaliste. Toutes les
méthodes scientifiques reposent, en effet, sur le principe de l'invariabilité des lois de la nature ; on admet
comme un postulat que telles conditions étaient données, tels faits suivront invariablement. Le naturaliste
n'admet ni caprice ni hasard dans l'univers. Au contraire, les « phénomènes » spirites ignorent les lois de
la physique, ou plutôt ils affectent de les braver.

Impossible de saisir un ordre quelconque, quelque
succession ou enchaînement régulier dans les manifestations de cette nature. Les savants qui ont examiné

les prétendus faits révélés par Slade ont accordé à ce sujet d'étude la confiance qu'ils ont accoutumé d'accorder aux objets ordinaires de leurs observations. Mais, vraiment, ce n'était point le cas. Ainsi, on a constaté que Slade avait exercé une réelle influence sur les mouvements d'une aiguille aimantée. Mais Zœllner avait parlé au médium de cette expérience; celui-ci s'y était préparé ; d'ailleurs, il l'avait déjà exécutée à Berlin. Tout ce qui s'est passé en cette occurence fait involontairement songer à ce qu'accomplirait tout homme muni d'un fort aimant. Les physiciens de Leipzig étaient trop convaincus de la bonne foi du sujet en expérience pour qu'un doute les effleurât seulement. A leur place, un magistrat, un critique, un médecin, tous gens plus enclins à douter de la véracité des objets soumis à leur investigation, n'auraient certes point négligé d'examiner les manches de la redingote de Slade (1).

Les hommes de science qu'invoque Ulrici, n'étaient donc pas ici sur le domaine ; ils sont incompétents. Le seul homme compétent, parce qu'il a étudié et reproduit avec succès plusieurs « expériences » de Slade, est le docteur Christiani, préparateur de l'institut physiologique de Berlin : or, il assure que ces « expériences » sont de simples exercices de prestidigitateur.

Pour ce qui a trait à la seconde question, Wundt rappelle d'abord à Ulrici que, dans la très-grande majorité des cas, c'est sur l'autorité des autres hom-

(1) W. Wundt, « Der Spiritismus, » p. 10.

mes que nous tenons tel ou tel fait pour vrai ; le nombre de faits dont nous sommes capables de connaître par nous-mêmes les conditions et les lois est relativement très-petit. Tout ce que nous croyons nous semble pourtant d'autant plus assuré que nous y découvrons un plus grand accord avec l'ensemble de nos connaissances. Nous communique-t-on un fait nouveau dont nous ne pouvons contrôler nous-mêmes l'observation, avant d'y croire, nous devons exiger que ces deux conditions soient remplies : 1. le fait doit avoir été constaté par un témoin digne de foi et versé dans les recherches dont il s'agit; 2. ce fait ne doit pas se trouver en contradiction avec les faits établis. Certes, il peut arriver qu'un fait tenu d'abord pour impossible rentre plus tard dans quelqu'une de nos théories générales et soit trouvé vrai. Mais, citerait-on, dans toute l'histoire des sciences, un savant qui, apportant un fait nouveau, ait soutenu que, par cette découverte, toutes les lois de la nature devaient être bouleversées de fond en comble? Eh bien, voilà précisément ce qu'on soutient aujourd'hui. Les lois de la pesanteur, de l'électricité, de la lumière et de la chaleur n'ont plus, nous assure-t-on, qu'une valeur hypothétique et purement provisoire. Quant à la nouvelle conception des choses, appelée à remplacer l'ancienne, quant au spiritisme, il ne repose que sur l'arbitraire de quelques individus qu'on nomme médiums. Le moyen de prendre au sérieux, comme l'a fait Ulrici, une pareille prétention? C'est au fondement même sur lequel repose tout l'édifice de notre science, c'est au principe universel de causalité que s'attaque le spiritisme! D'un côté, l'ensemble majestueux de toutes les lois naturelles connues, toujours vérifiées et toujours plus solides et plus étendues, héritage séculaire, incessamment accru, de la conscience sur cette planète. De l'autre, un petit groupe de savants distingués, dont tous les travaux personnels ont contribué à fortifier l'autorité de ces lois naturelles, mais qui, à une époque de leur vie, et sous l'influence de certaines pratiques étrangères à leurs études, déclarent tout à coup que le principe de causalité est une leurre, et que nous n'avons rien de mieux à faire qu'à abandonner notre conception actuelle des choses.

Ajoutez, poursuit Wundt, que les prétendues observations spirites, celles de Zœllner comme les autres, n'ont jamais été faites dans des conditions, je ne dis pas scientifiques, mais simplement acceptables. Ainsi, la première condition pour que les experiences de Slade réussissent, c'est que tous les assistants tiennent leurs mains sur une table et qu'aucun observateur ne se trouve en dehors du cercle. Une partie considérable du champ d'observation échappe donc aux regards. Les longues jambes de M. Slade demeuraient presque toujours visibles, disent les adeptes; presque toujours, oui, mais pas toujours. En général, c'est le médium seul qui décide quand un phénomène doit avoir lieu et s'il doit avoir lieu. Les assistants proposent, le médium dispose. A chaque nouvelle proposition, l'esprit ou les esprits ne manquent point de répondre par écrit sur l'ardoise : « We will try it, » mais, tantôt les esprits font ce qu'on leur demande, tantôt ils ne le font pas, ou font même tout le contraire! A un moment donné, ce sont des apparitions lumineuses que le médium assure voir au plafond et que les spectateurs cherchent en vain, la tête levée en l'air; dans un autre instant, c'est le spirite lui-même qui tombe tout à coup dans les convulsions et détourne nécessairement l'attention. Tous ceux qui ont assisté, dans la maison de Zœllner, aux séances de Slade, ont été témoins de ces scènes.

II

Wundt s'est donné la peine, en terminant sa *Lettre*, de montrer à Ulrici quelles seraient pour les bonnes études les funestes conséquences de pareilles doctrines, si la jeunesse académique prêtait jamais l'oreille à des maîtres aussi dangereux que l'illustre professeur de philosophie. S'il n'existe point de lois naturelles, de « lois d'airain, » invariables, éternelles, universelles, au moins dans la partie du monde que nous observons, il n'y a plus de science. A quoi bon de demander à l'investigation scientifique la solution de problèmes qu'on peut obtenir en s'adressant simplement aux esprits? Jusqu'ici, il est vrai, les réponses de ceux-ci n'ont guère été de nature à détourner les savants du chemin des laboratoires et des bibliothèques. Tout en avouant que les esprits de Slade au moins, « ne sont

pas encore arrivés à une pleine et entière connaissance
de la vérité. » Ulrici ose affirmer que la science et la
puissance de ces spectres ont néanmoins déjà atteint
une hauteur qui surpasse de beaucoup la science et la
puissance de l'homme ! Voilà certes une doctrine qui,
si elle se répand un jour chez des nations en déca-
dence, ou même chez des peuples d'une culture moyenne,
apportera d'effroyables ravages dans la vie intellectuelle de l'humanité. C'est pour combattre l'influence
pernicieuse de pareilles rêveries, plus dangereuses
peut-être qu'elles n'en ont l'air, même à notre époque,
— car elles répondent à notre plus ancienne conception
du monde, à ces idées héréditaires qui veillent toujours dans les profondeurs mystérieuses de notre conscience, — c'est pour protester contre cet abaissement,
contre cette abjection où voudrait nous réduire la doctrine spirite, que Wundt a répondu publiquement au
fâcheux article d'Ulrici (1).

Cette réponse de Wundt ne me paraît pourtant pas
complète. Assurément nul n'était plus capable que
l'éminent auteur de la *Psychologie physiologique* de
montrer l'extrême faiblesse des idées d'Ulrici et de

---

(1) La *Réponse* d'Ulrici à Wundt, qui vient de paraître
à Halle, en une brochure de vingt-huit pages, s'attache à
réfuter phrase par phrase, à la manière scholastique, les
principales thèses du professeur de Leipsig, mais sans
produire un seul fait nouveau. C'est presque un cas de
manie raisonnante. Nous croyons savoir que le physiolo-
logiste ne répondra plus au philosophe.

aire justice des prétendues manifestations spirites. Je
l'approuve d'avoir laissé dans l'ombre Zœllner et ses
deux vénérables collègues, les professeurs Weber et
Fechner. Quiconque a lu les pages que le savant astronome a consacrées à l'apologie d'Henri Slade se sentira pris d'une compassion trop douloureuse pour effleurer seulement d'une plume indiscrète certains
ulcères phagédéniques dont il ne dépend plus de personne d'arrêter le progrès et la marche fatale. Mais,
au lieu de réfuter Ulrici, n'aurait-il pas mieux valu
exposer l'origine et le développement historique des
idées dont il s'est fait le héraut? Aussi bien, on ne réfute pas Ulrici. Si tout à coup, à soixante-quatorze
ans, un vieux professeur de philosophie abjure tous
les principes des sciences pour se jeter à corps perdu
dans les révélations des esprits frappeurs, il nous faut
bien admettre que cette évolution dernière avait été
préparée de longue main, qu'elle est la suite de méthodes et d'habitudes d'esprit invétérées, car on ne devient pas plus spirite qu'on ne devient aliéné sans prédisposition.

C'est l'histoire des idées d'Ulrici et des philosophes
de son école qu'il aurait fallu faire, et non pas la critique de sa façon de raisonner, car Ulrici raisonne
très-bien, sa faculté syllogistique est excellente, et si
ses conclusions sont fausses, c'est uniquement parce
qu'il est parti de prémisses erronées. La logique d'Ulrici est si correcte, il est si vrai qu'il a été amené par
une pente fatale à ses idées actuelles, qu'on s'étonne
souvent que tous les spiritualistes ne deviennent pas
spirites comme lui.

9

Tous les auteurs spiritualistes qui, dominés par des
habitudes de pensée scientifique ou subjugués par la
force de leur bon sens, ont nié la communication directe des pensées, le commerce des esprits, l'action à
distance des volontés, etc., ont été tout simplement
inconséquents. Et de fait, un de ces écrivains spirituels dont la claire raison, l'ironie fine et enjouée, et
jusqu'à la frivolité mondaine, feraient croire en maintes pages qu'il a écrit lorsque Fontenelle dictait,
M. Ernest Bersot, ne déclare-t-il pas tout net, en bon
spiritualiste, que « la communication directe d'esprit
à esprit, prise en elle-même, n'a rien qui le choque (3)? » Si, pas plus que M. Alfred Maury, il ne
croit pourtant pas à ces divinations qui permettraient
à un somnambule ou à un médium de savoir ce que
nous avons dans l'esprit, de lire dans notre pensée,
de prédire l'avenir ou de découvrir les secrets de la
nature, c'est que, dit-il, dans l'état du monde tel que
nous le connaissons, les esprits ne se manifestent jamais que dans et par des organes corporels, et qu'il
n'y a que des gens peu dignes de foi, tels que les sorciers, qui les aient vus chevaucher au clair de lune.

Mais je ne connais pas de concessions plus dure au
sens commun, surtout chez les spiritualistes qui se
piquent d'être bons logiciens. C'est aussi ce qu'a noté
avec toute raison Dühring, qui va jusqu'à instituer un

(3) E. Bersot, « Mesmer, le magnétisme animal, les tables tournantes et les esprits, » 4e édit., Hachette, 1879,
p. 284.

parallèle en règle entre le spiritisme et la métaphysique. Celle-ci, dit-il, croit à une âme qui s'envole du
corps comme l'oiseau de sa cage ; le spiritisme, lui, ne
croit pas à la mort des individus mais à un simple
changement de garde-robe, et il fait siéger à ses congrès, pêle-mêle avec les vivants, les âmes des trépassés (1). Comment peut-on soutenir, dans l'hypothèse
des philosophes spiritualistes, que des substances
aussi hétérogènes que le corps et l'âme se limitent et
se contrarient réciproquement au point d'être enchaî-
nés l'une à l'autre? Qui empêche l'âme immatérielle
d'aller courir le vaste monde, de pénétrer même dans
les mystérieuses régions de la quatrième dimension de
l'espace, tandis que le corps alourdi est plongé dans
l'inconscience d'un sommeil sans rêve? Cela, c'est
l'antique foi spiritualiste, c'est la croyance séculaire
de nos plus lointains ancêtres, et j'estime que les
gens d'école ont eu grand tort de tant raffiner sur ces
vieux dogmes de nos pères.

Ouvrons cette bible des superstitions humaines que
Tylor a intitulée : *Primitive Culture,* mais qui est
encore l'histoire de notre civilisation actuelle, et nous
y rencontrerons tous ces prodiges qui, à en croire
Ulrici, élèvent le spiritisme contemporain à la hauteur
d'une question scientifique. Dans la maison du professeur Zœllner tout danse et voyage en l'air comme dans
ces vers anglais d'un vieil auteur du seizième siècle :

(1) « Krit. Geschichte der Philosophie, » p. 522.

> Je puis faire danser les chaises,
> Et faire si bien cabrioler la faïence,
> Que nul ne pourra la remettre sur pied,
> Et pour cela je n'ai qu'à jeter mon gant (1).

Slade n'a même plus besoin de jeter son gant, et devant l'astronome et ses amis, voici que chaises, tables, bibliothèques, craquent, s'agitent ou s'élèvent jusqu'au plafond; voici que les objets paraissent et disparaissent; que des mains et des pieds errent au bord des guéridons ou pincent sous la table les jambes des vénérables collègues Weber et Fechner; ou bien encore c'est une grosse sonnette qui d'elle-même se met en branle, ou un harmonica dont les mélodies spontanées rappellent le piano de Mesmer et la boîte à musique du photographe Buguet (3), qui évoquait, pour les photographier, les âmes des trépassés, les spectres même d'Ulrici. Le fameux médium Home était bien plus fort que Slade : ce n'était pas les tables, mais sa propre personne qu'il faisait planer en l'air, à l'instar des saints du brahmanisme, du christianisme ou de l'islamisme. Dans son livre, les esprits font à peu près tout ce qu'accomplissent ceux de Slade : ils frappent, chatouillent les gens, font et défont des nœuds (toujours sous la table) et ne laissent paraître de leurs corps que des mains ou des bras.

(1) Edw. Tylor, « la Civilisation primitive. » I, 167.

(2) On sait que l'auteur des « photographies spirites » du boulevard Montmartre a été condamné, en 1875, à un an de prison et à 500 francs d'amende. En a-t-il au moins rappelé, comme son confrère Slade?

Les chamans des steppes de la Sibérie possèdent manifestement les facultés des médiums américains. Au moyen âge et aux trois derniers siècles les sortilèges des sorcières, qui faisaient des conjurations et invoquaient des génies qu'elles prétendaient leur être asservis, ne différaient guère des pratiques de nos modernes spirites. De tout temps, le craquement des boiseries ou les coups frappés dans les murs ont été attribués à des « esprits frappeurs, » et Siamois et Singhalais sont ici tout à fait du même sentiment qu'Ulrici. Quant aux écritures des spirites anglais et américains, voici ce que dit Tylor à ce sujet : « En dépit des différences de religion qui séparent la Chine de l'Angleterre, *l'art de la correspondance spirite* est parfaitement le même dans les deux pays. » Le tour des nœuds faits et défaits, dans lequel Zœllner a cru voir l'éclatante confirmation de ses idées théoriques sur l'existence d'une quatrième dimension de l'espace, ne fait pas seulement partie du répertoire ordinaire des frères Davenport : il est renouvelé des sauvages anciens et modernes (1).

Parlerai-je des empreintes de pied sur de la farine ou de la cendre pour s'assurer de la présence des esprits? Zœllner, qui semble avoir imaginé cette expérience délicate afin de s'assurer qu'il ne rêvait pas, a encore été devancé ici par les indigènes des îles Philippines (2). Les phénomènes convulsifs et épileptiformes

(1) *Ibid.*, p. 182.
(2) *Ibid.*, II, 256-7.

observés chez Slade ont été, de toute antiquité, le signe
même de la possession : le médium, en effet, comme le
prophète, le devin ou le prêtre, n'est qu'un simple instrument, destiné à exprimer les pensées que lui sug-
gèrent les esprits, les démons ou les dieux. Or, dans
les idées du peuple, le voyant est d'autant plus inspiré
qu'il se débat davantage, la face convulsée et la bouche écumante, sous l'étreinte de ces êtres redoutables.
Mais la vraie cause de ces phénomènes chez les sorciers et les médiums, c'est presque toujours le tempé-
rament ultra-nerveux. Tylor dit des devins extrêmement nerveux d'un district habité par les Karens, qu'ils
feraient d'admirables médiums : « Au moment où ils
prononcent leurs oracles, ils tombent en convulsions. »
Les devins zoulous sont aussi fort remarquables, paraît-il, à cet égard. Chez les Patagons, les épileptiques
sont élevés d'emblée à la dignité de sorciers. Les
chamans des tribus sibériennes ont soin de choisir
pour le saint ministère, je veux dire pour leur sacer-
doce, des enfants sujets aux convulsions. Bref, l'hérédité des fonctions sacrées a souvent eu pour condition,
chez une grande partie de l'humanité, l'hérédité de
certaines maladies nerveuses. « Ainsi, conclut Tylor,
des malheureux malades, des épileptiques enthousiastes,
ont commencé, dès l'aurore de la civilisation, à exercer
sur leurs compatriotes bien portants une influence
considérable, influence qu'ils n'ont d'ailleurs jamais
cessé d'exercer à aucune époque. »

On le voit, les fameuses séances « scientifiques »
auxquelles Zœllner et quelques-uns de ses amis (pour-

quoi Perty ne s'est-il pas trouvé là?) se vantent d'avoir assisté, ne sont que des scènes de la vie commune des Peaux-Rouges de l'Amérique du Nord ou des nègres de l'Afrique australe. Mais je me trompe ; on prétend que Slade avait la puissance de faire dévier des anguilles aimantées, et c'est là sans doute un tour encore ignoré des faiseurs de pluie. Rien ne paraît avoir fait plus d'impression sur Zœllner ; Ulrici en a pris texte pour humilier la superbe des savants et inaugurer une physique nouvelle. Un seul exemple. Au cours des séances de Slade, certains objets, un canif, etc., disparaissaient pour reparaître tout à coup. Afin de s'expliquer cette manière d'escamotage, Ulrici se demande gravement si les forces électro-magnétiques ne seraient pas capables de dissocier et de recomposer instantanément les atomes des corps! Quant à moi, j'incline à croire, avec Wundt, qu'il eût suffi, pour dissiper le prestige du pouvoir magnétique de Slade, de regarder dans les manches de sa redingote. Mais, quoi qu'il en soit, ces expériences de magnétisme étaient simplement renouvelées de celles des sensitives de Reichenbach, de celles que Mme Ruf en particulier fit devant Théodore Fechner en 1867 (1). Qu'on veuille bien me permettre de citer ici une bonne page d'un naturaliste éminent, d'Oscar Schmidt, sur ces sensitives de Reichenbach, l'inventeur et le révélateur de l'od :

(1) « Erinnerungen an die letzten Tage der Odlehre und ihres Urhebers. » (Leipzig, 1876).

« Il y a environ vingt ans, un chimiste connu par
plusieurs belles découvertes, le baron de Reichenbach,
inventa une force, appelée od, qui devait servir d'ap-
pui au magnétisme animal et l'expliquer en même
temps par un principe général supérieur. Le théâtre de
ces études sur l'od fut de préférence la ville de Vienne,
le berceau du mesmérisme, de la phrénologie et autres
farces des temps modernes. Les poupées et les marion-
nettes parlantes chez lesquelles Reichenbach étudiait
les phénomènes de la nouvelle force étaient, pour la
plupart, de jeunes et vieilles grâces de la capitale au-
trichienne, exaltées et nerveuses. L'od était de la même
nature que l'électricité, la lumière, et, en général, ce
qu'on appelait les forces ou fluides impondérables.
Pour percevoir par le toucher et par la vue les effets
de cet élément impondérable qui émane des cristaux,
des pierres, des plantes, des animaux vivants ou en
putréfaction, et du monde physique tout entier, il fallait posséder une disposition particulière, une irritabi-
lité spéciale, — il fallait être « un sensitif. »

Je passe sur les qualités imaginaires de ce fluide et
sur les différents modes par lesquels il se révélait aux
sensitives; une comparaison détaillée du magnétisme
animal avec l'od nous entraînerait trop loin. J'aime
mieux montrer, en m'appuyant sur le témoignage et
les expériences d'un témoin oculaire, le docteur Vogel,
quel fond il convient de faire sur la sincérité et la véracité des médiums de tout genre. Vogel raconte qu'il
entra dans une chambre remplie d'obscurité où se trouvait une des dames sensitives qu'il devait examiner.

« Lorsque je m'approchai d'elle, dit-il, elle affirma
voir une lueur à mes mains et autour de ma tête ; je la
priai alors de m'indiquer les mouvements que j'exécu-
terais avec ma tête : elle indiqua que ces mouvements
avaient lieu tantôt à gauche, tantôt à droite ; or, en
réalité, je n'avais pas remué la tête. Reichenbach voulut examiner la force visuelle de la dame en s'éloi-
gnant d'elle à reculons. Quand il eut fait six pas, elle
dit : « Maintenant je ne vous vois plus. » Je répétai
l'expérience, mais je ne m'éloignai que de deux pas à
peine, frappant des pieds comme si je marchais : « Maintenant, s'écria la sensitive, je ne vous vois plus ! » —
Un soir, je trouvai quelques dames et quelques hommes dans la chambre obscure. Je fis des expériences
avec un monsieur sur la phosphorescence des mains ;
il ne pouvait me donner d'indications exactes sur les
mouvements de mes mains ; il disait que la lueur restait souvent en place et souvent changeait. Tout à coup
il s'écria : « Maintenant je vois votre main très-dis-
tinctement ! » Je le priai de la saisir. Il ne saisit que
l'air : j'avais les deux mains dans mes poches. — Les
sensitifs prétendaient aussi voir une cloche qui sonne.
J'étendis un mouchoir entre leurs yeux et la cloche ;
une des dames dit alors que la cloche n'était plus visible. J'abaissai le mouchoir de façon à la rendre de
nouveau visible si elle pouvait l'être. Cependant personne ne la vit ; mais, en même temps, je sentis que
l'on tira mon mouchoir et je saisis deux mains. Avant
de répondre, les sensitives avaient promené leurs
mains, senti le mouchoir, et, croyant que celui-ci ca-

chait encore la cloche, déclaré qu'elle était toujours invisible. — « Oui, oui, disait Reichenbach, avec moi les
expériences réussissent toujours ; avec des étrangers,
rarement ou jamais. » — Ainsi, pour se rendre inté-
ressantes, une partie des sensitives avait simplement
menti ; une autre avait perçu des phénomènes lumineux subjectifs, — la phosphorescence des yeux, —
c'est-à-dire une reproduction cérébrale d'impressions
lumineuses. Que ces sensations visuelles soient fort
communes, surtout lorsqu'on est excité et qu'on désire
vivement voir quelque chose, c'est à quoi Reichenbach
n'avait pas fait attention (1). »

Ces remarques excellentes nous dispensent d'insister
sur le caractère et la valeur morale de la plupart des
médiums, car tout ce qu'on vient de rapporter des sensitifs s'applique aux adeptes du magnétisme animal et
du spiritisme. Imposteurs, ils l'ont souvent été ; mais
on se montrerait bien frivole et on ferait preuve de peu
de psychologie si l'on soutenait qu'ils le sont toujours
parce qu'ils le sont quelquefois. La conscience comporte trop d'inconscience, si j'ose dire, elle est chose
trop complexe et trop obscure chez le croyant comme
chez le savant lui-même, pour qu'on lui applique nos
naïves formules morales et les distinctions classiques
de la bonne et de la mauvaise foi. Ce n'est qu'à certaines heures l'homme ne distingue assez clairement la

(1) « Les Sciences naturelles et la Philosophie de l'inconscient. » (Germer Baillière, 1879), p. 87. Traduit de
l'allemand par Jules Soury et Édouard Meyer.

vérité de l'erreur, je veux dire ce qui est moins obscur
de ce qui l'est davantage. Mais les esprits critiques qui
peuvent se tenir constamment en quelque sorte au-
dessus de cet mer d'illusion qui est notre élément sont
une minorité imperceptible : le reste y replonge.

Haeckel, en parlant précisément de Slade et des naturalistes de Leipzig, a fort bien éclairé ce côté obscur
et mystique de l'âme humaine : « Il y a quelques mois,
nous avons vu, à notre confusion, le spirite américain
Slade qui, après avoir fait une grosse fortune chez les
Anglais en évoquant les esprits, avait fini par être dé-
masqué et reconnu comme un vulgaire imposteur, —
continuer avec le même succès son métier d'escroc en
Allemagne, et arriver même à duper quelques physiciens distingués. Et ne sait-on pas qu'une littérature
spéciale du spiritisme, représentée par de nombreux
journaux, cherche à couvrir du manteau de la science
ce honteux charlatanisme? Au siècle des chemins de
fer et des télégraphes, de l'analyse spectrale et du darwinisme, au siècle de l'interprétation de la nature au
point de vue moniste, le moyen de comprendre ces
rechutes dans les ténébreuses superstitions du moyen
âge? Elles ne s'expliquent que par ce côté obscur et
mystique de l'âme humaine, par ce penchant inconscient au surnaturel et au merveilleux qu'a soigneusement entretenu depuis des siècles la superstition religieuse. A coup sûr, cette tendance mystique n'a de si
profondes racines en nous que parce qu'elle a été affer-
mie au cours des siècles par l'*hérédité*, qu'elle a été
sans cesse fortifiée et consacrée par de prétendues ré-

vélations, c'est-à-dire par des *adaptations* pathologiques de l'âme (1). »

Ces adaptations pathologiques de l'âme, comme
Haeckel désigne les religions, possèdent en effet les
plus profondes affinités avec le spiritisme, et cela aujourd'hui encore, en dépit des anathèmes et des exorcismes des Églises. Le prêtre se souvient de ses origi-
nes; il ne renie que de la bouche les devins, les sorciers
et les évocateurs d'âmes : de cœur il est secrètement
avec eux. Quand toute la presse libérale de Berlin dé-
nonçait Slade et le livrait à la vindicte publique, le
médium américain trouvait des alliés et des avocats
dans les journaux religieux, surtout dans la *Germa-
nia*, qui paraît être aux mieux avec les esprits frappeurs. Et il en est toujours ainsi. « Lorsque parut la
pétition des spirites américains, nous apprend M. E.
Bersot, l'*Univers religieux* (22 janvier 1853) s'empressa de la traduire et l'accompagna de réflexions
sérieuses. » Le P. Ventura a expressément déclaré
que le spiritisme avait été en notre siècle une justi-
fication éclatante de l'Évangile et de la foi chrétienne,
et surtout la glorification de ce moyen âge chrétien
si calomnié de ceux qui riaient de sa crédulité, en
même temps que la condamnation définitive du rationalisme désormais terrassé par les faits! Bref, la plupart des croyants catholiques, protestants ou juifs,

(1) « Essais de psychologie cellulaire. » par E. Haeckel
(Germer-Baillière, 1880), p. 100. Traduit de l'allemand
par Jules Soury.

sont au fond et en secret favorables au spiritisme,
car « tout sert en ménage, » comme l'a fort bien dit
M. Bersot.

De leur côté, des philosophes de l'école d'Ulrici
sont bien aises que les prétendus phénomènes spirites,
à la réalité desquels ils croient sans plus attendre,
se trouvent être en contradiction avec tous les faits
connus de la science. La conception mécanique ne
suffit plus, s'écrient-ils en chœur avec Hartmann, le
mage de l'inconscient ; loin d'être dominés par un
mécanisme aveugle et fatal, tout conspire à prouver
aux plus incrédules que les forces de la nature obéis-
sent à des volontés conscientes, à des êtres intelligents (1). Pour Ulrici aussi, les manifestations spirites de notre temps sont comme des signes avant-
coureurs du châtiment qui va fondre sur nos sociétés
sans morale et sans Dieu, comme un avertissement
tout au moins de la providence qui, n'ayant plus en
réserve d'invasions barbares pour sauver la civilisation, comme cela a eu lieu aux derniers jours de
l'empire romain, multiplie autour de nous les prodiges, confond l'orgueil impie des savants et envoie à
notre secours, missionnaires de la foi nouvelle, des
légions de médiums américains. Pour le P. Ventura,
c'était le rationalisme qui devait succomber dans cette
lutte suprême ; c'est l'athéisme et le matérialisme
pour Ulrici, car « tout sert en ménage. »

Ainsi reparaît toujours l'antique alliance, ou plu-

(1) Ulrici. « Zeitschrift, » p. 260.

tôt l'identité fondamentale, du spiritisme et du spiritualisme, de la sorcellerie et des religions. Cette
conception du monde, qui se résume assez bien dans
le mot *animisme*, n'est plus à notre époque qu'un cas
d'atavisme intellectuel, une survivance inconsciente
des idées de nos plus lointains ancêtres, la marque
d'un état de civilisation que n'ont point dépassé les
sauvages de nos jours. C'est la doctrine des êtres spirituels que, sous le nom d'animisme, Tylor a si bien
étudiée, « croyance qui est l'essence même de la philosophie spiritualiste, a-t-il écrit, en tant qu'opposée
à la philosophie matérialiste (I). »

Tandis que cette dernière s'efforce de ramener tous
les phénomènes à des lois naturelles, qui ne sont que
l'expression abstraite des rapports constants et uni-
versels des choses, tel qu'il nous est donné de les
observer, tandis que chaque science et toutes les
sciences tendent à réduire tous les problèmes à des
questions de physique moléculaire, c'est-à-dire aux
mouvements des dernières particules de la matière,
les spirites, comme les sauvages, cherchent dans
l'intervention des esprits la raison et l'explication
dernière des phénomènes de la nature. « Supposons
un Indien de l'Amérique du Nord assistant à Londres
à une séance de spiritisme, dit Tylor ; assurément,
cet Indien ne serait nullement dépaysé au milieu de
ces esprits sortis du corps qu'ils habitaient et manifestant leur présence par des bruits de voix et autres

(1) « La Civilisation primitive, » I, 493.

actions-physiques : car tout cela fait partie inté-
grante de son système de la nature. » Toutes ces
évocations d'âmes défuntes, d'esprits des morts, de
trépassés, que font chaque jour sur cette planète plus
de 500,000 médiums, toutes ces histoires de revenants
qui trouvent aujourd'hui une si grande faveur, non
pas seulement auprès du menu peuple, mais même
dans le laboratoire de quelques physiciens, n'annon-
cent-elles pas une religion de l'avenir, une sorte de
culte des mânes, de nécromancie à la manière des
Chinois, qui serait destinée à remplir le vide, chaque
jour plus profond, que laisse en bien des âmes l'éva-
nouissement progressif de la religion du Nazaréen.

Je ne sais; mais quelque fortune que réserve l'a-
venir à ces vieilles superstitions, il n'existe pas et il
ne saurait exister, quoi qu'en pensent Zœllner et
Ulrici, de « question scientifique » du spiritisme. Ce
n'est pas de nos jours seulement que, par l'organe de
la Société de physique de l'Université de Saint-Pé-
tersbourg, cette prétendue doctrine a été déclarée
une vulgaire « superstition » (1876). Dès la fin de
notre grand dix-huitième siècle français, des commissions nommées par le gouvernement à l'effet d'examiner le « magnétisme animal, » des commissions de
l'Académie des sciences, de la Faculté de médecine,
et de la Société royale de médecine, conclurent au
néant de ce « fluide » et rapportèrent très-bien à
certains états d'esprit, tels que l'imagination et l'i-
mitation, et à certaines pratiques d'attouchement,
les effets observés chez les sujets névropathiques qui
d'ordinaire fréquentent les Mesmer et les Slade.

Lorsqu'une partie de l'Europe, et il faut bien le reconnaître, car c'est la vérité, lorsque l'Allemagne et
l'Angleterre suivaient la pente de leur génie mystique et prêtaient l'oreille à la fausse science empiri-
que de quelques charlatans, la France s'honora et
honora l'esprit humain en montrant au monde la va-
nité du mesmérisme. Quand la cour et la ville cou-
raient au baquet de Mesmer, il se rencontra un critique, La Harpe; un philosophe, d'Holbach; des savants, Berthollet, Lavoisier, Bailly, etc., qui, grâce à
la clarté de leur esprit, à la solidité de leur jugement,
non-seulement ne furent pas dupes, mais ruinèrent le
système. Point d'époque ni de circonstances où les
merveilleuses qualités de l'esprit français, toutes de
raison et de critique, se soient développées avec plus
de force et de gracieuse aisance. Depuis cette époque,
l'Académie des sciences et l'Académie de médecine
ont été bien souvent appelées à décider sur des questions du même genre : les prodiges des magnétiseurs,
la clairvoyance des somnambules et les révélations
des spirites se sont toujours évanouis comme de vaines ombres devant un examen critique de nos physiciens et de nos médecins. C'est que, ainsi que Dupont-
White l'a dit du spiritualisme, le spiritisme n'est
qu' « une ânerie du monde naissant. »

JULES SOURY.

LETTRE

DE MADAME G. COCHET A M. JULES SOURY.

A Monsieur Jules Soury, Rédacteur de la RÉPU-
BLIQUE FRANÇAISE.

Sous ce titre : « _Spirites et Savants,_ » vous
publiez dans la _République Française_ deux
longs articles, dans lesquels vous attaquez et la
bonne foi du médium Slade, et le témoignage des
savants les plus éminents de l'Angleterre et de
l'Allemagne.

Prendre parti publiquement sur une question
qui passionne les hommes les plus remarquables
de deux nations voisines, c'est ouvrir la discussion, c'est appeler la réplique. Je ne puis supposer, Monsieur, que vous ayez la prétention de
prononcer en dernier ressort, et qu'après avoir
provoqué la protestation, vous vous refusiez à
l'entendre. — J'aime mieux croire qu'écrivant dans
l'intérêt seul de la vérité, vous êtes disposé, même
après avoir passé condamnation, à écouter la
défense.

Du reste, je ne prétends, en usant du droit de
réponse, que vous présenter quelques observations, — que je m'efforcerai de rendre aussi suc-
cinctes que possible.

10.

Lorsque, il y a trente ans, les faits dits « spirites, » furent constatés par des expériences nombreuses, répétées dans tous les pays, un cri de
négation, ce même cri qui accueille toute découverte, s'éleva pour déclarer que les médiums
étant tous des charlatans, les partisans du Spiritisme étaient tous des fous.

Ce jugement fut porté d'un cœur léger. — En
effet, quoique le Spiritisme rattachât à sa doctrine
des hommes éminents, il n'en comptait aucun d'illustre dans les sciences. Il n'y avait donc pas
lieu de mesurer les épithètes. — Qui eût-il fallu
ménager? Mme Delphine de Girardin? « une
femme! » Ballanche, Jean Renaud, Pezzani? « des
philosophes ! » Louis Jourdain, Sardou, Flam-
marion, M. Lachâtre, Meurice, Vacquerie? « des
spiritualistes! » Quand Victor Hugo disait : « La
« table tournante et parlante a été fort raillée :
« Parlons net. Cette raillerie est sans portée. —
« Nous estimons que le devoir étroit de la science
« est de sonder tous les phénomènes. — Éviter le
« phénomène, lui faire banqueroute de l'attention
« auquel il a droit, c'est faire banqueroute à la vé-
« rité. » On souriait en disant : « O poète! » et l'on
triomphait devant de si faibles adversaires. —
Discuter avec de tels rêveurs, c'eût été commettre
l'autorité de la science : on n'avait garde. On
prononçait d'un mot : « Tous fous ! »

Aujourd'hui, la question s'élève. Cette fois ce
sont des savants, et des savants de premier ordre,

qui redisent au monde l'affirmation trente ans
étouffée. — Les Crookes, les Cox, les Wallace, de
l'Académie royale de Londres ; en Allemagne, les
Zœllner, les G. Weber, les Th. Fechner, toute
une légion d'hommes de science, dont je ne cite
que les plus fameux, publient le résultat des
expériences rigoureusement scientifiques qu'ils ont
faites dans l'ordre des « faits spirites. » Tous ont
procédé à un examen décisif, en s'entourant des
moyens de contrôle les plus sérieux ; sans s'écarter de la véritable investigation scientifique. —

J'en appelle aux ouvrages de l'un d'eux : Crookes,
secrétaire du bureau de l'Académie de Londres, et
inventeur du radiomètre. — Ce savant a employé
dix années de recherches à poursuivre l'étude
d'une *force,* qu'en vertu de ses manifestations
intelligentes, il appelle « *force psychique ;* » et,
pendant ces dix années, il ne s'est pas départi vis-
à-vis des différents médiums, avec lesquels il a
expérimenté, d'un contrôle absolument concluant,
en ce qu'il ne laissait aucun moyen à la fraude. —

Il semble que devant une déclaration signée de
tels noms le scepticisme systématique eût au moins
à se recueillir, pour tirer ses arguments de la
méthode positive à laquelle il prétend se rattacher.
Or, les arguments élevés contre la réalité des faits
spirites, ou bien sont puisés dans un fond de plai-
santeries faciles, peut-être très-piquantes ; mais
assurément nullement positives... ou bien sont un
exposé des motifs par lesquels ces faits, déran-

geant un certain ordre établi, un certain système admis, une certaine méthode reçue, sont décidément gênants et *ne doivent pas être*. Enfin, et pour couronner ce beau raisonnement, arrive l'argument victorieux, le thème inévitable : folie, hallucination.

C'est là, en effet, Monsieur, le résumé de votre étude, et vous n'avez eu garde de négliger le dernier terme. — Seulement, je veux rendre cette justice à votre courtoisie, au moment de lancer sur Zœllner la foudroyante apostrophe, vous avez cru, par respect pour le nom du grand astronome, devoir user d'une formule moins brutale que celle dont on gratifie la masse des spirites vulgaires. Vous constatez (par inspiration) les symptômes d'un « état mental qui peut, d'ailleurs, coexister, avec une fructueuse activité scientifique dans le domaine de l'astronomie physique. » Autre part, vous dites avec mélancolie : « Ce savant finira fatalement par la folie lucide. »

Ainsi voilà qui est clair : Toutes les fois que Zœllner se livrera aux féconds travaux qui l'ont illustré, ce savant sera lucide ; mais dès que, réunissant autour de lui ses plus illustres confrères, il constatera les phénomènes spirites, il sera fou, halluciné, et, avec lui, tous ceux dont le témoignage appuiera le sien.

A propos de ces témoignages, vous avez un mot qui m'a fait rêver. — Parlant des amis de Zœllner : W. Weber et Th. Fechner, c'est-à-dire des personnalités les plus remarquables de l'Allemagne, des hommes que vous-même appelez illustres, vous dites : « Le témoignage de pareils hommes ne manquerait point de poids si l'un n'était âgé de 76 ans et l'autre de 79. »

Voilà, certes, une remarque stupéfiante. — Quoi ! que W. Weber, que Th. Fechner parlent au monde le beau langage de la science, le monde attentif recueillera leur parole ; mais que ces mêmes savants, appelés à se prononcer, affirment à la barre de l'opinion la réalité des phénomènes spirites, le président des débats, après avoir entendu l'âge des illustres témoins, pourra leur dire, avec tout le respect dû à leur rare mérite : « Vous n'y voyez plus ! Allez vous asseoir. »

Du reste, vous déclarez nettement que vous n'acceptez pas le témoignage des savants, et la raison que vous en donnez est une nouvelle surprise : les savants, dites-vous avec le professeur Wundt, les savants sont incompétents !

O bonnes gens spirites ! vous de qui l'on a si souvent récusé le témoignage, sous prétexte que vous n'appartenez à aucune académie ; vous de qui d'aimables chroniqueurs ont rendu la badauderie proverbiale, insinuant que vous n'avez rien inventé... pas même la poudre ! braves ignorants, mes frères, voilà le mot de votre revanche. Vous marcherez dorénavant de plein-pied avec ceux de qui la science fait loi ; votre incompétence sera sœur de la leur : ainsi l'a décrété Wundt, et après lui Jules Soury !

Sûrement, Monsieur, ce n'est pas votre faute si, en vous efforçant de présenter au public une étude sérieuse, vous rencontrez si souvent la note comique : telle n'était pas votre intention. Mais vous marchez sur un mauvais terrain, dont pour comble d'embarras, vous ne connaissez pas la nature. Dans ces conditions, en vous attaquant à plus fort que vous, vous montrez une audace bien imprudente. Comme l'on voit bien, à cette marque de votre jugement, que vous n'avez pas encore soixante-dix-neuf ans, ni même soixante-seize !

Si vous êtes relativement doux pour « les victimes de la crédulité, » vous êtes moins tendre pour le pauvre médium, cause du grand tapage qui pourrait bien être le prélude d'une grande révolution.

Vous n'hésitez pas à présenter Slade en France, comme un escroc effronté. — Cependant, voyons vos preuves.

Vous croyez tout d'abord devoir dénoncer à la perspicacité de vos lecteurs, que H. Slade a une longue taille, de longs bras, de longues mains, de longs doigts. — Vous vous étendez avec complaisance sur « sa pâleur de spectre, ses yeux brillants, son rire silencieux. » De sorte que ce portrait rappelle en même temps celui du loup du Chaperon rouge, et celui du Méphisto de Faust. — Tandis que les gens d'imagination iront jusqu'à mettre des griffes au bout de ces longs, longs, longs membres, les esprits positifs supposeront d'abord que c'est une grâce d'état, qui doit aider singulièrement aux tours de passe-passe d'un prestidigitateur.

Ceci s'appelle procéder par insinuation. — Très-habile, Monsieur.

Passons.

Vous rappelez le procès qui fut intenté à Slade en Angleterre, au mois d'octobre 1876. En ceci encore vous faites preuve d'habileté, sachant combien l'on est porté à voir dans un accusé un coupable. Cependant, toutes vos recherches ne peuvent vous mettre sur la trace d'une « tromperie. » L'accusation est puérile, et ne repose sur aucune donnée positive, tandis que la défense amène à la barre les hommes les plus considérables de l'Angleterre, et notamment celui que vous nommez « l'illustre émule de Darwin : » Alfred Wallace. Encore un fou lucide !

Je n'ai pas à insister sur ce procès qui se termina en cour d'appel par un acquittement.

Maintenant je vous suis à Berlin.

A Berlin, Slade a pour lui tous les savants, et qui contre lui ? un prestidigitateur, Herrmann, qui *imite* ce que vous appelez les « tours de Slade. »

L'affirmation est bien vague. Pour la première fois vous touchez enfin à la question qui est de savoir si : oui *ou non, Slade use de moyens matériels pour produire les phénomènes qu'il dit être dus à une cause étrangère.*

C'est ici qu'il s'agissait de donner tous les détails propres à éclairer l'opinion. Ces détails eussent eu plus de poids que les huit longues colonnes au travers desquelles vous amoncelez contre Slade toutes les insinuations, et pas un seul fait. Il importe, en effet, de savoir dans quelles conditions s'est mis Herrmann pour imiter « *les tours.* » — S'il les a reproduits tous, ou seulement quelques-uns ; s'il a opéré chez lui, ou dans un local non préparé ; et enfin, s'il s'est soumis, de la part des assistants, au contrôle que Slade subit lui-même. — Autant de circonstances importantes desquelles vous ne soufflez mot.

Vous ajoutez, avec encore plus d'inconséquence : « Le médium trouva, à la vérité, un compère en Bellachini, le prestidigitateur de la cour, qui déclara par devant notaire, que Slade n'était pas un confrère, mais un savant. » On peut vous demander sur quelles preuves vous vous appuyez pour accuser si prestement Bellachini de compérage, c'est-à-dire de friponnerie. — Si vous êtes certain de la complicité, vous devez l'appuyer sur des faits, fournir vos preuves ; mais si vous faites une supposition gratuite, le ton affirmatif est déplacé et vos lecteurs peuvent vous mettre au défi de le soutenir. — Cela s'applique également à cette autre assertion que : « les réponses écrites sur l'ardoise sont de la main de Slade. » C'est bientôt dit ; seulement vous oubliez encore ici un tout petit détail : la preuve de ce que vous avancez.

Je ne m'arrête pas à vos réflexions sur l'enthou-
siasme des étudiants allemands qui soutiennent
Slade, et sur la réserve sceptique de quelques professeurs qui, sollicités d'examiner les phénomènes
spirites, trouvent plus commode de les nier *à
priori* et les yeux fermés. — Je conçois que vous
réserviez à ces derniers votre approbation admi-
rative. Leur méthode n'est-elle pas la vôtre ?

J'en viens à ce que vous appelez : les démêlés
du médium avec la police.

Voici le fait.

Sans accusation, sans procès, sans jugement,
de par la grâce de l'opinion, et de par le bon vouloir de la police, Slade est expulsé de Berlin. —
Il se réfugie à Vienne. Le jour même de son arrivée, ordre lui est donné de quitter la ville dans
les vingt-quatre heures : Slade est expulsé de
Vienne.

Ici, monsieur, vous triomphez ! vous semblez
trouver admirable ce système d'expulsion ; vous
vous empressez d'accepter l'arrêt, comme si la
suprême justice l'avait prononcé. — Je ne suppose pas que cette manière d'envisager le droit
des gens, ressorte des principes du journal dans
lequel vous écrivez. — Cette expulsion non mo-
tivée, qui révolte la conscience de Zœllner,
donne au médium, auprès de tous les esprits droits
et indépendants, le prestige de la persécution im-
méritée. On est bien près de considérer comme
un instrument de la vérité, l'homme contre lequel

l'autorité ne trouve d'autres armes que celles
d'une violence qui n'est plus dans nos mœurs,
d'une rigueur arbitraire contre laquelle, dans les
siècles même de barbarie, la conscience humaine
s'est toujours révoltée. — Vous aurez quelque
peine à faire admettre à vos lecteurs, que deux
Empires aient eu recours à ces moyens extraordinaires contre un vulgaire fripon, dont le cas re-
lève d'une cour correctionnelle. Toutes les insinuations viendront se briser devant cette simple remarque : qu'il y a encore des juges à Berlin.

Croyez-le, Monsieur, on dira en France, avec
les savants allemands qui ont suivi les expériences
de Slade, que ces mesures imprudentes sont les
mesures de la peur ; on y verra les coups d'une
Doctrine, soi-disant scientifique qui tremble pour
son influence ; on acquerra la preuve que la négation a aussi son fanatisme, que l'incrédulité
systématique n'est pas moins absolue que l'aveugle
croyance ; qu'elle ne se couvre du principe de la
liberté de conscience que pour atteindre à la do-
mination, et que c'est dans ce but qu'elle prend
pour tâche de mettre des entraves aux recherches
psychologiques, alors même que ces recherches
s'étendent dans le domaine positif des faits. — On
jugera que l'homme qui défend son système, le
fruit mûri de son intelligence, est aussi aveuglément acharné à la lutte que celui qui défend sa
foi, la lumière de son cœur : que l'un relevant du
Dieu qu'il a accepté, l'autre relevant de son pro-

pre orgueil, craignent également la lumière. — Qu'aux deux limites opposées, le Matérialisme et le Dogme montrent la même intolérance ; qu'en un mot, tous deux, repoussant la recherche, immobilisant le progrès, sont une barrière à la vérité.

Je conçois qu'il est dur pour certains savants qui, en déifiant le Matière s'en sont proclamés les prophètes, de voir s'élever, à côté de leur théorie, un simple fait qui, brutalement, sans phrase, renverse le Temple et défie le Grand-Prêtre. — Vraiment, je comprends vos regrets, quand vous dites amèrement avec Wundt : « C'est au fondement même sur lequel repose tout l'édifice de notre science, c'est au principe universel de causalité que s'attaque le Spiritisme. »

La traduction de ce cri est facile. Quoi ! on aurait longuement compulsé les livres, tourmenté les faits, choqué les systèmes, pour se trouver, au bout du compte, sur la même ligne que Gros-Jean devant une table qui tourne ! Quoi ! à l'instant où l'on commençait à se sentir à peu près à l'aise dans une méthode presque coordonnée ; quand on allait pouvoir s'appuyer sur une hypothèse suffisamment solide, il faudrait recommencer ? — Partir d'un nouveau point pour étudier de nouvelles lois ? marcher à de nouvelles conséquences ? entrer dans un nouvel ordre de faits ? Des génies tels que Zœllner, Weber et Fechner, moins attachés à un programme qu'à la Science, et moins partisans d'un principe scientifique que de la Vérité. Principe absolu, ces génies féconds peuvent dire : « Oui ! » l'innombrable légion de la médiocrité dira avec Wundt : « Non, mille fois non ! »

C'est que la Science a ses conservateurs intéressés, parvenus vaniteux et égoïstes qui, dès qu'ils ont acquis droit de bourgeoisie sur les masses, se font les défenseurs obstinés des connaissances restreintes qu'ils ont laborieusement acquises et avarement entassées. Cette classe ne peut soutenir l'idée d'une révolution, avec laquelle elle aurait tout à perdre : elle sent trop que, dans le trouble d'une rénovation scientifique, c'est le seul génie qui soutient le poids de la vérité nouvelle : la médiocrité en est écrasée.

A ce point de vue, je veux bien convenir que les phénomènes qui se produisent en dehors des lois connues, sont impertinents. — Mais quoi ! Monsieur, il faut bien, après tout, les accepter tels qu'ils sont, *puisqu'ils sont.* — Et plutôt que de les bouder, plutôt que de se couvrir les yeux du triple bandeau tissu par le préjugé, l'orgueil scientifique et la routine, les hommes de science, et parmi ceux-ci les Positivistes, feraient bien mieux de s'emparer du fait pour le restreindre à sa véritable portée, pour le classer à sa véritable place.

— Ce serait faire œuvre de progrès ; car enfin la Science qui se récuse obstinément devant cinq cent mille médiums et des millions d'adeptes (je vous emprunte ces chiffres), la Science joue ici un rôle étrange. Quoi ! elle, la messagère du progrès, la lumière des esprits, elle, dont la mission est d'éclairer le vulgaire, en lui montrant la cause naturelle d'effets qu'il pourrait supposer merveilleux, la Science n'ayant qu'un mot à dire pour arrêter la foule sur la pente « d'une rechute dans les superstitions ténébreuses du moyen âge, » la Science ne dirait pas ce mot ! elle resterait obstinément muette, même devant la défection des siens ! Vous osez le lui demander : Elle ne saurait l'accorder sans se manquer à elle-même. La Science, Monsieur, n'a pas droit de dédain. Quand le fait parle, elle n'a qu'un devoir : l'examen impartial.

Laissez-moi aller jusqu'au fond de votre pensée. — Ce que vous considérez, ce que vous jugez, ce que vous condamnez, c'est moins « le fait » en lui-même que la Doctrine qui en découle. — Vous passez jugement sur le Spiritisme. Libre à vous. La philosophie spirite est discutable et ne saurait s'imposer plus qu'aucune autre. Repoussez sa doctrine, soit ; c'est user d'un droit légitime que nul ne peut vous contester ; mais, où vous excédez votre droit, c'est lorsque vous prétendez nier des manifestations que 500,000 médiums produisent. « Le fait » échappe à la négation ; vous ne pouvez rien contre lui.

De même pour la science. Il ne s'agit pas ici d'une question religieuse ou philosophique ; le Spiritualisme n'est pas directement en cause : il

11.

s'agit d'un « phénomène » qui s'impose à l'examen
de la science, et s'impose si bien que, l'éloignât-
on pour un temps, il entrerait forcément dans son
domaine, comme a fait le Magnétisme... qu'une
inspiration malheureuse vous fait prendre pour
exemple.

Vous terminez, en effet, votre article (ou plutôt
votre réquisitoire) en félicitant l'Académie d'a-
voir rejeté en 1783 la découverte de Mesmer. — A
cette occasion, vous louez fort le XVIIIe siècle, assu-
rant qu'il a complétement ruiné le magnétisme, en
lui portant le coup mortel dont il ne s'est pas re-
levé.

Ah! Monsieur, est-il possible que vous soyez
tombé dans une si grossière erreur? Quoi! vraiment? vous ignorez à ce point les premiers mots
d'une question que vous ne craignez pas de traiter...
pardon! de maltraiter haut la main? C'est merveilleux! je ne doute pas que cette facilité à tran-
cher les questions auxquelles on demeure complétement étranger, ne soit une grâce d'état... pour
certains journalistes... Cependant, tout en vous
félicitant de ce précieux privilége, il faut bien que
je vous prévienne, avec tous les ménagements dus
à vos lumières, que... vous retardez de cent ans!

Apprenez donc, Monsieur, puisqu'il reste quelque chose à vous apprendre, que le magnétisme,
condamné au siècle dernier, a fait comme Slade :
il en a rappelé d'un jugement partial, et il a gagné
son procès!

J'en suis bien fâchée pour l'Académie de médecine, sur laquelle votre compliment tombe à la manière du pavé de l'ours ; mais, si elle fut digne de vos éloges, elle a singulièrement démérité depuis, en cassant son trop sévère arrêt, et en relevant de ses propres mains ce qu'elle avait vainement tenté de détruire.

Il est vrai qu'en cédant à l'évidence, la docte assemblée montra bien quelque humeur. La nouvelle découverte avait ce tort de n'avoir pas été élevée en famille, et de ne pouvoir revendiquer pour parrain aucun des membres illustres de l'illustre Académie : elle arrivait là comme une intruse, patronnée par des praticiens obscurs. Enfin le fait seul *d'être* quand l'Académie avait voulu qu'*elle ne fût pas*, constituait un véritable outrage envers l'infaillibilité doctorale.

Dans ces conditions, la réception du Magnétisme ne fut pas précisément enthousiaste ; mais il n'y a pas à revenir sur quelques protestations assez vives, la majorité s'étant déclarée. — Que voulez-vous ? les faits s'étaient multipliés, les preuves amassées, un praticien impudent, le baron du Potet, s'était permis de guérir, par l'application du magnétisme les malades *incurables* des hôpitaux de Paris ; les esprits s'étaient émus.., enfin, vous n'étiez pas là !... L'Académie, sollicitée par une fraction de ses membres, et contrainte par l'opinion, décida l'enquête et nomma une commission de onze membres pris dans son sein. — Après cinq années d'examen, après une multitude d'expériences faites dans toutes les conditions de contrôle, la Commission présenta, par l'organe de son secrétaire, le docteur Husson, un rapport, établissant avec évidence, la réalité des phénomènes magnétiques, « tant au point de vue thérapeutique que somnambulique. »

C'est en 1831 que la nouvelle découverte reçut son brevet officiel. — Ne vous récriez pas trop contre ce jugement. Le verdict fut rendu, avec cette circonstance atténuante que, forcés de céder à la vérité, nos docteurs se réservèrent le droit de lui tourner le dos ; ils se hâtèrent de la reconnaître... mais sans l'adopter. Une fois le rapport signé, on s'empressa de l'enterrer sans trompette et le plus profondément possible, espérant bien n'en entendre plus parler.

Et voilà comment les Académies sont les dépositaires de toutes les lumières... qu'elles gardent fidèlement sous le boisseau !

Ceci dit pour votre instruction, je n'aurai garde d'insister sur la marche progressive du Magnétisme, ni sur les récentes expériences, faites à la Salpêtrière par le docteur Charcot. Non pas que je n'eusse grand plaisir à traiter ce sujet avec vous ; mais... vous en êtes resté à l'opinion du XVIIIᵉ siècle ! et vos connaissances, sur ce qui touche à la question magnétique s'arrêtent au rapport de 1783 !...

Je n'aurai pas la mauvaise grâce d'insister sur

la leçon, en abusant d'une incompétence que vous exposez avec une naïveté bien faite pour désarmer la critique.

Comme je serais désolée de vous rien faire perdre de votre prestige près de vos lecteurs, je m'arrête, et vous laisse tout le temps d'étudier le terrain où vous vous êtes trop imprudemment engagé. —

Si, après vous être instruit, sinon de ce qu'est le magnétisme, du moins des points les plus élémentaires de son histoire, vous désirez poursuivre la discussion, je serai toujours prête à vous écouter et à vous répondre ; mais, jusque là, il me plaît de ne pas user de l'avantage par trop évident que j'ai sur vous : Celui d'être au fait d'une question que vous traitez sans la connaître.

G. COCHET.

UNE NOTE A LIRE

Le professeur et prestidigitateur Herrmann, de Vienne, cité par M. Jules Soury comme l'imitateur des *tours* de Slade, *n'a jamais vu Slade, ne sait même pas au juste quels phénomènes le médium produit* et, par conséquent, *ne les a pas imités.*

En admirant vivement le savoir-faire déployé par le savant rédacteur de la « République Française, » et en appréciant comme il convient les ressources que son imagination lui fournit à point nommé pour le besoin de la cause qu'il défend, je m'avoue trop malhabile pour user de tels moyens: je n'avance rien dont je ne puisse indiquer la source. Ainsi, en cette circonstance, *c'est d'Herrmann lui-même* que je tiens l'importante rectification qui laisse à la déclaration de Bellachini toute sa valeur.

Un dernier mot. Il est assez d'usage de représenter les faits spirites, non pas seulement comme placés en dehors de la science, mais comme redoutant par-dessous toute chose un contrôle scientifique. C'est ce que, dans une conférence publique, M. Alfred Naquet exprimait ainsi :

« Certes, il faut croire que le Spiritisme a de bonnes raisons pour se produire loin des regards investigateurs de la science. — Car les phénomènes spirites, affirmés par le vulgaire, *n'ont jamais été constatés par aucun savant.* »

Ces paroles, prononcées cinq ans ans après les publications de Crookes, de Wallace, de Cox, et une année après l'ouvrage de Zoellner, rendaient la protestation trop facile ; je me contentai de passer au conférencier, la liste des hommes éminents dont la science s'honore et qui, non-seulement ont constaté les phénomènes spirites, mais ont soutenu publiquement leur opinion.

C'était suffisamment démontrer que si les savants qui n'ont point examiné les faits spirites (tels M. Alfred Naquet, M. Jules Soury et *tutti quanti*) les nient avec la conviction la plus tenace et la moins fondée, au contraire, tous les savants qui ont contrôlé les phénomènes, qui les ont longuement étudiés, et les ont soumis à une investigation rigoureusement scientifique, en proclament la réalité.

J'ajouterai, en renversant la proposition de M. Alfred Naquet, que si les faits spirites n'ont rien à redouter des lumières de la science, il semble que ce soient les savants qui redoutent d'avoir à constater ces faits.

Ici, j'en appelle à M. Jules Soury lui-même dont le témoignage ne saurait être suspecté

L'auteur de l'article : « Spirites et Savants, » n'admettant pas la compétence des hommes de science d'Allemagne, d'Angleterre et de Russie, — témoins illustres en qui il ne saurait voir que des hallucinés — c'est à son propre jugement qu'on fit appel.

Il fut offert à M. Jules Soury de vérifier par lui-même, chez lui, et dans les conditions de contrôle qu'il lui plairait d'employer, les phénomènes réels qu'il nie, faute de les connaître, — et dont, en tous les cas, il eût pu parler enfin en connaissance de cause. — *M. Jules Soury se refusa à tenter l'expérience ;* ses principes scientifiques ne lui permettant pas la rectification d'un fait qu'il lui plait de déclarer « impossible. »

La question se simplifie ainsi du tout au tout. Il ne s'agit plus, on le voit, de la réalité du fait en lui-même. — Ce fait, ne s'accordant pas avec le système scientifique d'une certaine école dont M. Jules Soury garde fidèlement le mot d'ordre, doit être condamné au néant. Qu'il soit ou non, peu importe ! le Matérialisme se refusant à l'accepter, il sera comme s'il n'était pas !

Et voilà comme on fait de la Science !

Vraiment, devant ce refus motivé par l'arbitraire d'un Système qui, impuissant à juger, n'a que la force de la négation, il est évident que la discussion n'a plus rien à faire : c'est à l'indignation de prononcer.

Donc, c'est dit. Toute vérité trop haute pour se caser dans le Système étroit qui prétend marquer la limite extrême au-delà de laquelle rien n'est plus, toute vérité importune au Matérialisme, devra s'effacer humblement devant d'ingénieuses hypothèses, d'un placement plus agréable et plus facile. — Étant donné un fait physique, surabondamment constaté, et une Méthode philosophico-scientifique (c'est-à-dire ce mélange d'obscurité et de lumière qu'on retrouve dans toute méthode), la vérité devra s'écarter, le fait devra se taire, pour ne pas ébranler l'édifice sacré au seuil duquel le Positivisme, décrétant les lois, triant les forces, fait retentir contre les manifestations psychologiques la fameuse apostrophe : « Tu n'iras pas plus loin »

Eh bien ! soit ! c'est un aveu. On ne peut convenir plus simplement de sa faiblesse. Ce pauvre Matérialisme ! quoi ! il en est là ? déjà si bas ! Et moi qui lui croyais quelques éléments de vitalité : l'observation judicieuse, le sens critique, la conviction loyale, l'impartialité de jugement ! qu'ai-je trouvé autre chose que les marques d'une décomposition certaine : la présomption, l'orgueil doctrinaires, l'arbitraire, l'intolérance et... pour comble... l'infaillibilité !!!

L'illusion n'est plus possible. Pour faire contrepoids à la caste cléricale, c'est la caste scientifique qui s'élève. Pour faire pendant au syllabus nous aurons la table des lois physiques, lois déterminées, lois hétérodoxes, hors lesquelles il n'y aura pas de salut, hors lesquelles les réfractaires trouveront l'hallucination vengeresse et la démence finale. — En un mot la Doctrine matérialiste, qui prétend nous délivrer de l'obscurantisme religieux, brandit au-dessus de nos

12

têtes le flambeau de la science... mais prend soin préalablement de nous fermer les yeux, sous prétexte qu'elle voit clair pour nous.

Eh bien là, franchement, oppression pour oppression, j'aimerais encore mieux celle qui, en nous dérobant l'exercice de notre raison, nous laisse au moins, l'espérance... si je n'avais la suprême ressource de les rejeter toutes deux, pour chercher librement la vérité !

DOCUMENTS

A

Le Spiritisme à Jersey.

On sait quelles belles pages les relations d'outre-tombe ont inspirées à l'auteur des *Contemplations*. La maison du poëte, à Jersey, vit pendant bien long-temps ses hôtes se réunir le soir autour des *tables parlantes* et de longs entretiens s'y établir avec les esprits. M. Auguste Vacquerie a raconté, dans son livre *les Miettes de l'histoire*, comment les hôtes de *Marine-Terrace* furent initiés à ces mystères. L'ini-tiatrice fut une femme d'esprit et de talent, Madame Émile de Girardin (Delphine Gay), qui était, déjà à cette époque une fervente adepte du spiritisme. Nous laissons la parole à M. Auguste Vacquerie:

Madame de Girardin vint passer dix jours à Jersey, c'était à la fin de l'été de 1853. Était-ce sa mort prochaine qui l'avait tournée vers la vie extra-terrestre? Elle était très-préoccupée des tables parlan-tes. Son premier mot fut si j'y croyais. Elle y croyait fermement, quant à elle, et passait ses soirées à évo-quer les morts. Sa préoccupation se reflétait, à son insu, jusque dans son travail: le sujet de *la Joie fait*

peur, n'est-ce pas un mort qui revient? Elle voulait
absolument qu'on crût avec elle, et, le jour même de
son arrivée, on eut de la peine à lui faire attendre la
fin du dîner, elle se leva dès le dessert et entraîna un
des convives dans le *parlour* où ils tourmentèrent
une table, qui resta muette. Elle rejeta la faute sur
la table dont la forme carrée contrariait le fluide. Le
lendemain, elle alla acheter elle-même, dans un ma-
gasin de jouets d'enfants, une petite table ronde à
un seul pied terminé par trois griffes, qu'elle mit sur
la grande, et qui ne s'anima pas plus que la grande.
Elle ne se découragea pas, et dit que les esprits
n'étaient pas des chevaux de fiacre qui attendaient
patiemment le bourgeois, mais des êtres libres et
volontaires qui ne venaient qu'à leur heure. Le lendemain, même expérience et même silence. Elle s'obs-
tina, la table s'entêta. Elle avait une telle ardeur de
propagande qu'un jour, dînant chez des Jersiais, elle
leur fit interroger un guéridon, qui prouva son intelligence en ne répondant pas à des Jersiais. Ces in-
succès répétés ne l'ébranlèrent pas; elle resta calme,
confiante, souriante, indulgente à l'incrédulité; l'a-
vant-veille de son départ, elle nous pria de lui accorder, pour son adieu, une dernière tentative. Je
n'avais pas assisté aux tentatives précédentes : je ne
croyais pas au phénomène, et je ne voulais pas y
croire. Je ne suis pas de ceux qui font mauvais
visage aux nouveautés, mais celle-là prenait mal son
temps et détournait Paris de pensées que je trouvais
au moins plus urgentes. J'avais donc protesté par

mon abstention. Cette fois, je ne pus pas refuser de venir à la dernière épreuve, mais j'y vins avec la ferme résolution de ne croire que ce qui serait trop prouvé.

Madame de Girardin et un des assistants, celui qui voulut, mirent leurs mains sur la petite table. Pendant un quart d'heure, rien, mais nous avions promis d'être patients ; cinq minutes après, on entendit un léger craquement du bois ; ce pouvait être l'effet d'une pression involontaire des mains fatiguées ; mais bientôt ce craquement se répéta, et puis ce fut une sorte de tressaillement électrique, puis une agitation fébrile. Tout à coup une des griffes du pied se souleva. Madame de Girardin dit : — Y a-t-il quelqu'un ? S'il y a quelqu'un et qu'il veuille nous parler, qu'il frappe un coup La griffe retomba avec un bruit sec. — Il y a quelqu'un ! s'écria madame de Girardin ; faites vos questions.

On fit des questions, et la table répondit. La réponse était brève, un ou deux mots au plus, hésitante, indécise, quelquefois inintelligible. Etaient-ce nous qui ne la comprenions pas ? Le mode de traduction des réponses prêtait à l'erreur ; voici comment on procédait : on nommait une lettre de l'alphabet, *a, b, c,* etc., à chaque coup de pied de la table ; quand la table s'arrêtait, on marquait la dernière lettre nommée. Mais souvent la table ne s'arrêtait pas nettement sur une lettre ; on se trompait, on notait la précédente ou la suivante ; l'inexpérience s'en mêlant, et madame de Girardin intervenant le

moins possible pour que le résultat fût moins suspect,
tout s'embrouillait. A Paris, madame de Girardin
employait, nous avait-elle dit, un procédé plus sûr
et plus expéditif; elle avait fait faire exprès une
table avec un alphabet à cadran et une aiguille qui
désignait elle-même la lettre. Malgré l'imperfection
du moyen, la table, parmi des réponses, troubles, en
fit qui me frappèrent.

« Je n'avais encore été que témoin ; il fallut être ac-
teur à mon tour ; j'étais si peu convaincu, que je trai-
tai le miracle comme un âne savant à qui l'on fait deviner « la fille la plus sage de la société ; » je dis à
la table : Devine le mot que je pense. Pour surveiller
la réponse de plus près, je me mis à la table moi-
même avec madame de Girardin. La table dit un
mot ; c'était le mien. Ma coriacité n'en fut pas enta-
mée. Je me dis que le hasard avait pu souffler le
le mot à madame de Girardin, et madame de Girardin le souffler à la table ; il m'était arrivé à moi-
même, au bal de l'Opéra, de dire à une femme en
domino que je la connaissais et, comme elle me
demandait son nom de baptême, de dire au hasard
un nom qui s'était trouvé le vrai ; sans même invoquer le hasard, j'avais très-bien pu, au passage des
lettres du mot, avoir, malgré moi, dans les yeux ou
dans les doigts un tressaillement qui les avait dé-
noncées. Je recommençai l'épreuve ; mais, pour être
certain de ne trahir le passage des lettres ni par une
pression machinale ni par un regard involontaire, je
quittai la table et je lui demandai, non le mot que je

pensais, mais sa traduction. La table : « Tu veux
dire *souffrance*. » Je pensais *amour*.

Je ne fus pas encore persuadé. En supposant qu'on
aidât la table, la souffrance est tellement le fond de
tout, que la traduction pouvait s'appliquer à n'importe quel mot que j'aurais pensé. *Souffrance* aurait
traduit *grandeur, maternité, poésie, patriotisme*, etc.,
aussi bien qu'*amour*. Je pouvais donc encore être
dupe, à la seule condition que madame de Girardin,
si sérieuse, si généreuse, si amie, mourante, eût passé
la mer pour mystifier des proscrits.

Bien des impossibles étaient croyables avant celui-
là ; mais j'étais déterminé à douter jusqu'à l'injure.
D'autres interrogèrent la table et lui firent deviner
leur pensée ou des incidents connus d'eux seuls ;
soudain elle sembla s'impatienter de ces questions
puériles ; elle refusa de répondre, et cependant elle
continua de s'agiter comme si elle avait quelque
chose à dire. Son mouvement devint brusque et volontaire comme un ordre. — Est-ce toujours le même
esprit qui est là ? demanda madame de Girardin. La
table frappa deux coups, ce qui, dans le langage
convenu, signifiait non. — Qui es-tu, toi ? La table
répondit le nom d'une morte, vivante dans tous ceux
qui étaient là.

Ici, la défiance renonçait : personne n'aurait eu le
cœur ni le front de se faire devant nous un tréteau
de cette tombe. Une mystification était déjà bien
difficile à admettre, mais une infamie ! Le soupçon se
serait méprisé lui-même. Le frère questionna la sœur

qui sortait de la mort pour consoler l'exil : la mère
pleurait ; une inexprimable émotion étreignait toutes
les poitrines ; je sentais distinctement la présence de
celle qu'avait arrachée le dur coup de vent. Où était-
elle ? nous aimait-elle toujours ? était-elle heureuse ?
Elle répondait à toutes les questions, ou répondait
qu'il lui était interdit de répondre. La nuit s'écoulait,
et nous restions là, l'âme clouée sur l'invisible apparition. Enfin, elle nous dit : Adieu ! et la table ne
bougea plus.

Le jour se levait, je montai dans ma chambre et,
avant de me coucher, j'écrivis ce qui venait de se passer, comme si ces choses-là pouvaient être oubliées !
— Le lendemain, madame de Girardin n'eut plus besoin de me solliciter, c'est moi qui l'entraînai vers la
table. La nuit encore y passa. Madame de Girardin
partait au jour, je l'accompagnai au bateau, et lorsqu'on lâcha les amarres, elle me cria : Au revoir ! Je
ne l'ai pas revue. Mais je la reverrai.

Elle revint en France faire son reste de vie terrestre. Depuis quelques années, son salon était bien
différent de ce qu'il avait été. Ses vrais amis n'étaient
plus là. Les uns étaient hors de France, comme Victor Hugo ; les autres plus loin, comme Balzac ; les autres plus loin, comme Lamartine. Elle avait bien encore
tous les ducs et tous les ambassadeurs qu'elle voulait,
mais la révolution de février ne lui avait pas laissé
toute sa foi à l'importance des titres et des fonctions
et les princes ne la consolaient pas des écrivains. Elle
remplaçait mieux les absents en restant seule, avec

un ou deux amis et sa table. Les morts accouraient à
son évocation; elle avait ainsi des soirées qui valaient
bien ses meilleures d'autrefois et où les génies étaient
suppléés par les esprits. Ses invités de maintenant
étaient Sedaine, madame de Sévigné, Sapho, Molière,
Shakespeare. C'est parmi eux qu'elle est morte.
Elle est partie sans résistance et sans tristesse; cette
vie de la mort lui avait enlevé toute inquiétude. Chose
touchante, que, pour adoucir à cette noble femme
le rude passage, ces grands morts soient venus là
chercher!

Le départ de madame de Girardin ne ralentit pas
mon élan vers les tables. Je me précipitai éperdûment
dans cette grande curiosité de la mort entr'ouverte.

Je n'attendais plus le soir; dès midi, je commençais,
et je ne finissais que le matin; je m'interrompais
tout au plus pour dîner. Personnellement, je n'avais
aucune action sur la table, et je ne la touchais pas,
mais je l'interrogeais. Le mode de communication était
toujours le même: je m'y étais fait. Madame de Girar-
did m'envoya de Paris deux tables : une petite dont
un pied était un crayon qui devait écrire et dessiner ;
elle fut essayée une ou deux fois, dessina médiocrement
et écrivit mal; l'autre était plus grande; c'était cette
table à cadran d'alphabet dont une aiguille marquait
les lettres; elle fut rejetée également après un essai
qui n'avait pas réussi, et je m'en tins définitivement
au procédé primitif, lequel, simplifié par l'habitude
et par quelques abréviations convenues, eut bientôt
toute la rapidité désirable. Je causais couramment

avec la table; le bruit de la mer se mêlait à ces dia-
logues, dont le mystère s'augmentait de l'hiver, de
la nuit, de la tempête, de l'isolement. Ce n'était plus
des mots que répondait la table, mais des phrases et
des pages. Elle était, le plus souvent, grave et magis-
trale, mais, par moments, spirituelle, et même comique. Elle avait des accès de colère; je me suis fait
insulter plus d'une fois pour lui avoir parlé avec irré-
vérence, et j'avoue que je n'étais pas très-tranquille
avant d'avoir obtenu mon pardon. Elle avait des exi-
gences; elle choisissait son interlocuteur, elle voulait
être interrogée en vers, et on lui obéissait, et alors
elle répondait elle-même en vers. Toutes ces conversations ont été recueillies, non plus au sortir de la
séance, mais sur place et sous la dictée de la table; elles
seront publiées un jour, et proposeront un problème
impérieux à toutes les intelligences avides de vérités
nouvelles.

Si l'on me demandait ma solution, j'hésiterais. Je
n'aurais pas hésité à Jersey, j'aurais affirmé la présence des esprits. Ce n'est pas le regard de Paris qui
me retient; je sais tout le respect qu'on doit à l'opinion du Paris actuel, de ce Paris si sensé, si pratique
et si positif qui ne croit, lui, qu'au maillot des dan-
seuses et au carnet des agents de change. Mais son
haussement d'épaules ne me ferait pas baisser la
voix. Je suis même heureux d'avoir à lui dire que,
quant à l'existence de ce qu'on appelle les esprits, je
n'en doute pas; je n'ai jamais eu cette fatuité de race
qui décrète que l'échelle des êtres s'arrête à l'homme,

je suis persuadé que nous avons au moins autant
d'échelons sur le front que sous les pieds, et je crois
aussi fermement aux esprits qu'aux onagres. Leur
existence admise, leur intervention n'est plus qu'un
détail; pourquoi ne pourraient-ils pas communiquer
avec l'homme par un moyen quelconque, et pourquoi
ce moyen ne serait-il pas une table? Des êtres immatériels ne peuvent faire mouvoir la matière; mais qui
vous dit que ce soient des êtres immatériels? Ils peuvent avoir un corps aussi, plus subtil que le nôtre et
insaisissable à notre regard comme la lumière l'est
à notre toucher. Il est vraisemblable qu'entre l'état
humain et l'état immatériel, s'il existe, il y a des
transitions. Le mort succède au vivant comme l'homme
à l'animal.

L'animal est un homme avec moins d'âme, l'homme
est un animal en équilibre, le mort est un homme
avec moins de matière, mais il lui en reste. Je n'ai
donc pas d'objection contre la réalité du phénomène
des tables.

Mais neuf ans ont passé sur cela, j'interrompis,
après quelque mois, ma conversation quotidienne à
cause d'un ami dont la raison mal solide ne résista
pas à ces souffles de l'inconnu. Je n'ai pas relu depuis les cahiers où dorment ces paroles qui m'ont si
profondément remué. Je ne suis plus à Jersey, sur ce
rocher perdu dans les vagues, où, expatrié, arraché
du sol, hors de l'existence, mort vivant moi-même,
la vie des morts ne m'étonne pas à rencontrer. Et la
certitude est si peu naturelle à l'homme qu'on doute

même des choses qu'on a vues de ses yeux et touchées de ses mains.

J'ai toujours trouvé saint Thomas bien crédule.

B

Lettre de M. Cromwell Fleetwood Varley à M. John Tyndall, membre de la Société royale de Londres, etc.

Fleetwood-House, Beckenham, 19 mai 1868.

Très-honoré Monsieur,

M. Wallace m'a remis la lettre que vous lui avez adressée le 7 courant.

Selon votre désir, je m'efforcerai de vous décrire brièvement les « phénomènes physiques » que j'ai reconnus dans deux occasions, en présence de M. Home, ainsi que les précautions que j'ai prises pour éviter toute supercherie.

Afin de faciliter mon exposé, permettez-moi de le faire précéder de la déclaration que le but de la *séance* était de me prouver que les manifestations physiques n'étaient nullement le résultat d'une tromperie; et qu'une intelligence, autre que celle de M. Home ou de l'un des assistants, prenait part à l'œuvre.

J'avais appris à plusieurs reprises par des personnes bien informées qu'en présence de M. Home, qui n'a pas toujours été apprécié à sa juste valeur, se passaient des manifestations tout à fait extraordi-

naires, et j'étais très-désireux d'en explorer la nature
moi-même.

Comme je n'avais personne pour me présenter à
M. Home, je me rendis chez lui, n° 134, *Sloane street*,
un mardi matin, au printemps de l'année 1860 : je
lui dis que j'étais l'électricien des compagnies télé-
graphiques internationale et atlantique, et que, par
conséquent, j'étais très-versé dans la connaissance de
l'électricité, du magnétisme et des autres forces
physiques ; que j'avais entendu parler des phénomènes extraordinaires qui se produisaient en sa présence, et que, pour cela, j'étais très-désireux de les
voir et d'en rechercher la cause.

Je demandai à M. Home s'il voulait me permettre
d'être témoin de ces phénomènes : il répondit qu'il y
consentait avec grand plaisir.

En même temps, il me prévint d'avance qu'il ne
pouvait pas garantir que des manifestations auraient
lieu ; que les phénomènes étaient d'un caractère déli-
cat, et qu'il fallait ordinairement plusieurs séances
avant que le rapport nécessaire pour produire ces
phénomènes fût établi, de manière à obtenir quelque
chose de décisif.

Le lendemain, je reçus une invitation en forme
adressée à moi et à Mme Varley, pour le jeudi soir
entre sept et huit heures.

M. Home logeait en garni : le salon dans lequel je
fus introduit le mardi, et dans lequel, le jeudi suivant,
se produisirent les phénomènes, était situé au-dessus
d'une boutique de droguiste.

Chaque fois j'examinai soigneusement la cage de l'escalier, pour voir si le plancher n'était pas d'une épaisseur peu commune, qui pût faciliter le placement d'une machine.

Je me rendis aussi dans la boutique du droguiste, située au-dessous ; j'examinai le plafond qui était sous le salon supérieur, mais je n'y découvris rien d'insolite.

Le salon était médiocrement meublé : il y avait un sopha, une douzaine de chaises et rien de plus, rien qui eût pu cacher quelques appareils.

Nous nous assîmes au nombre de huit autour d'une grande table ronde et pesante.

Je m'étais entendu d'avance avec Mme Varley pour observer très-exactement et regarder avec attention tout ce qui pourrait ressembler à une supercherie, pour surveiller le salon ainsi que les meubles et pour ne pas perdre de vue les personnes présentes, afin de ne rien laisser échapper de ce qui aurait pu paraître suspect. Nous nous étions promis, si quelque chose d'extraordinaire se produisait, de le bien imprimer dans notre mémoire, afin de pouvoir comparer ensuite nos observations respectives.

Sur la feuille ci-jointe, vous trouverez les noms de tous les assistants (sauf une seule personne, dont j'ai oublié le nom) et l'ordre dans lequel ils étaient rangés autour de la table.

La circonstance qu'il y avait un grand nombre de dames me contrariait, parce que je craignais que cela ne mît obstacle à une investigation sévère.

La dame qui se trouvait à la gauche de M. Home, c'est-à-dire entre lui et moi (je l'appellerai Mme A.), et qui prêta au sujet une grande attention, m'invita, ainsi que le fit M. Home, à faire tout mon possible pour me convaincre de la réalité des phénomènes. Quant à lui, il me pria, à différentes reprises, de diriger mon investigation sans avoir égard à l'étiquette ou à toute autre considération. Je profitai de cette permission.

Le premier phénomène se produisit vingt minutes après que nous fûmes placés à la table. Nous entendîmes un certain nombre de bruits ou de coups frappés, comme on les nomme le plus souvent. J'examinai le dessous de la table, tandis que Mme Varley observait le dessus. La chambre était bien éclairée par quatre becs de gaz. Toutes les mains étaient placées sur la table et les pieds tirés sous les chaises, ainsi que l'avait désiré M. Home dès le début de la séance.

On me donna sur l'alphabet télégraphique les explications suivantes :

Un coup frappé, un mouvement ou un acte quelconque signifient *non ;*

Trois coups frappés, trois mouvements ou trois actes quelconques signifient *oui :*

Deux coups frappés, deux mouvements ou deux actes quelconques signifient *douteux,* c'est-à-dire *ni oui ni non ;*

Cinq coups frappés, cinq mouvements ou cinq actes quelconques demandent l'*alphabet,* c'est-à-dire demandent que les lettres de l'*alphabet* soient prononcées à haute voix ou touchées, auquel cas la lettre voulue est indiquée par trois coups.

De cette manière, les mots pouvaient être facilement, bien que lentement, télégraphiés par un être capable de produire lesdits signaux.

Mme A. témoigna à haute voix le désir que je fusse touché. Au moment même, cinq coups se firent entendre, et on commença à dire l'alphabet : nous apprîmes par ce moyen, que celui qui voulait se communiquer craignait de s'approcher de moi.

Je ne fis aucune observation là-dessus, mais je jetai un regard attentif autour de moi, et je m'efforçai de découvrir d'où venaient les bruits.

Bientôt après, la table se leva d'un côté, puis de l'autre, en restant quelquefois durant plusieurs secondes dans une position inclinée, sous un angle d'environ trente degrés.

J'examinai le dessous et le dessus de la table : toutes les mains reposaient doucement sur elle, et je ne pus découvrir l'emploi d'une force musculaire de la part d'aucun des assistants.

Pendant ce temps-là, les bruits devinrent de plus en plus forts, et on en distingua de deux sortes, les uns plus bas et plus forts que les autres.

Les bruits les plus aigus et les plus clairs me communiquèrent alors que l'être en question avait cessé de me craindre et allait toucher mon habit; celui-ci fut en effet tiré ou secoué trois fois, de manière à laisser entre les attouchements des intervalles d'une demi-seconde.

Ces tiraillements de mon habit ayant eu lieu en bas, à ma droite, entre ma chaise et celle de Mme A.,

il me vint à l'idée que ceci ne pouvait être considéré
comme une preuve, mais que si mon habit était tiré
plus haut que la table, de manière à ce qu'il fût possible de le voir, cela serait beaucoup plus satisfaisant.
Au moment même où cette idée traversa mon esprit,
le pan de mon habit fut soulevé trois fois, à une
distance d'un pied de mon visage.

Je souhaitai alors *mentalement*, pour avoir une
preuve convaincante, que le collet de mon habit fût
remué du côté gauche ; avant même que ce désir eût
été formulé en paroles dans mon esprit, le collet fût
secoué trois fois, du côté gauche.

Bientôt après, il me fut communiqué que mon genou
allait être touché : je désirai de suite mentalement
que cela fût fait trois fois, à mon genou droit, et, au
moment même, j'y ressentis trois pressions bien sensibles. Je dis alors mentalement : « Mon genou gauche, » il fut touché trois fois, sans une seconde de
retard. Puis je dis de la même manière : « Epaule
droite, » et à l'instant elle fut touchée, sans qu'il me
fût possible de ne rien voir.

J'exigeai, après cela, toujours mentalement, que
l'épaule gauche, puis la partie supérieure de ma tête
fussent touchées, ce qui se fit de suite, trois fois à
chacun de ces endroits. Le tout n'avait pas duré plus
de dix secondes.

Comme je n'avais pas parlé et que je n'avais fait
ni un mouvement ni un geste, personne ne sut ce qui
s'était passé que lorsque j'en fis part aux assistants.

13.

La table fut balancée plusieurs fois ; puis, par les
signes convenus, nous fûmes invités à nous lever, ce
que nous fîmes, en laissant nos mains légèrement
posées sur la table : celle-ci, après quelques mouvement çà et là, fut tout d'un coup entièrement soulevée
du plancher à une hauteur de quatorze ou quinze
pouces, fit quelques mouvements latéraux à gauche et
à droite et finalement se baissa.

J'examinai tout sous la table pendant ce phénomène,
mais je ne pus rien rien voir ; les mains se trouvaient
au-dessus de la table, et ne pouvaient par conséquent
contribuer à la soulever.

Alors, me rappelant que mes désirs inexprimés
(*unuttered*) avaient été exaucés, je souhaitai que la
table, si elle se relevait, se penchât de différents côtés.

Après trois ou quatre minutes d'attente, la table se
souleva de nouveau en l'air, à une hauteur d'environ
douze à quinzes pouces, et demeura ainsi en l'air
pendant une demi-minute, je crois même presque une
minute entière. Je souhaitai *mentalement* qu'elle se
dirigeât de différents côtés, et elle le fit avant que j'eusse eu le temps de formuler mes pensées en paroles.

Durant une partie de la *séance*, des coups furent
frappés en même temps, de quatre manières différentes ; le même nombre de personnes proposèrent des
questions, auxquelles il fut répondu au même moment.

Sur les demandes des assistants, les coups furent
produits alternativement dans les murs, dans le parquet et sur nos chaises ; ces dernières furent fortement
ébranlées.

Plusieurs fois il se fit un tremblement général qui attira simultanément l'attention de tous. Plusieurs d'entre nous, assis sur des chaises, furent tout à coup retournés avec elles, et quand nous essayâmes de le faire nous-mêmes, nous reconnûmes qu'il fallait un très-grand effort pour parvenir à produire un mouvement semblable avec les mains. Ces rotations eurent lieu chez ceux qui étaient éloignés de M. Home, aussi bien que chez ceux qui étaient assis à côté de lui.

La séance dura jusque vers onze heures.

M. et Mme Home, ainsi que Mme A., déclarèrent que cette séance avait eu un succès exceptionnel, et ils exprimèrent leur étonnement qu'un pareil développement de force se fût produit dès ma première investigation.

Rentrés chez nous, nous comparâmes nos observations, Mme Varley et moi, et je reconnus qu'elle avait posé elle-même un grand nombre de questions mentales, auxquelles elle avait reçu les réponses avec la même rapidité que moi.

C'est entre minuit et une heure que nous atteignîmes notre demeure, à l'autre extrémité de Londres, à cinq ou six milles anglais de *Sloane Street*. Avant de nous coucher, je priai Mme Varley de rester encore quelque temps au salon, afin de m'aider à récapituler soigneusement tout ce dont nous avions été témoins, ainsi que les précautions prises contre toute supercherie; au même instant, des coups furent frappés dans les murs de notre propre demeure, située à plus de cinq milles anglais du médium.

Le lendemain soir, je reçus une lettre de M. Home dans laquelle il me disait que nous devions avoir entendu des coups dans notre propre maison.

Peu de temps après, je rencontrai M. Home et lui demandai comment il avait pu savoir cela ; à quoi il répondit que la même force qui avait produit le phénomène dans sa maison avait fait la même chose dans ma chambre, l'en avait informé et l'avait prié de m'écrire, pour que cela me servît comme une preuve nouvelle.

2e séance : dans ma propre maison, à Beckenham, Kent.

Étaient présents : D.D. Home, une dame, un employé de la ville, un négociant, un gentilhomme, un capitaine de vaisseau, Mme Varley et moi.

J'ai acheté cette maison à la fin de l'année 1863, quand elle était encore en construction, et avant que les planchers y fussent posés, de sorte que j'en connais très-bien la structure intérieure.

Pendant l'été de l'an 1864, je priai M. Home de bien m'accorder séance dans ma propre maison, comme il me l'avait promis, et j'y invitai les personnes ci-dessus mentionnées. M. Home n'était jamais venu dans cette maison.

Un grand nombre de phénomènes, semblables à ceux déjà décrits, se produisirent ; pourtant quelques-uns différèrent de ceux que j'avais vus chez lui.

Dans le courant de la soirée, M. Home parut devenir nerveux ; il me pria de lui tenir les mains ; puis il s'écria : « Oh ! regardez derrière vous ! » et il fut en proie à une certaine excitation. Il plaça ensuite ses

deux jambes sur mon genou gauche ; sur sa prière, je
les tins même entre mes propres jambes et je saisis
ses deux mains avec les miennes. Après cela, chacun
de nous porta ses regards vers la direction indiquée.

Il y avait, à une distance de sept pieds derrière
M. Home, une petite table placée contre une fenêtre,
et dont nous étions tous deux les plus rapprochés.
Quelques instants après, cette petite table commença
à se remuer : elle était montée sur des roulettes et fut
poussée jusqu'à moi par une force invisible, tandis que
personne n'était près de la table, et que je tenais fermement les pieds et les mains de M. Home.

Un grand canapé, sur lequel huit personnes pouvaient prendre place, fut poussé à travers toute la
chambre, et nous força de reculer jusqu'au piano.

Une *tromperie* était impossible.

Des phénomènes de ce genre se sont répétés souvent ce soir-là, mais comme plusieurs d'entre eux ont
eu lieu pendant le crépuscule, ils ne répondent pas aux
conditions que vous avez exigées, à savoir : qu'ils
soient produits sous une lumière éclatante.

J'ai été plus de vingt fois témoin de manifestations
physiques, mais quant aux phénomènes psychiques,
d'un ordre plus élevé, qui fournissent des preuves
bien supérieures, je les ai observés plus de cent fois,
en Angleterre et en Amérique.

Vous me demanderez sans doute pourquoi je n'ai
pas publié cela plus tôt : la réponse est simple. Vous
savez bien vous-même de quelle manière sont accueil-
lies dans ce monde de discorde toutes les découvertes
nouvelles.

Je me suis efforcé, autant que me l'ont permis les occasions, ma santé et mes affaires, de rechercher la nature de la force qui produit ces phénomènes; mais jusqu'à présent je n'ai pu découvrir que la source d'où émane cette force physique, c'est-à-dire des systèmes vitaux des assistants et surtout du médium. La partie du sujet en question n'est, par conséquent, pas mûre pour la publicité.

Quant aux manifestations proprement dites, il existe là-dessus de nombreux rapports, et parmi eux quelques-uns dont l'exactitude est garantie, aussi bien dans notre siècle que dans le siècle passé.

Nous ne faisons qu'étudier ce qui a déjà été l'objet des recherches des philosophes, il y a deux mille ans ; et si une personne bien versée dans la connaissance du grec et du latin, qui serait en même temps au courant du caractère des phénomènes qui se sont produits en si grand nombre depuis l'année 1848, si un tel homme, dis-je, voulait traduire soigneusement les écrits de ces grands hommes, le monde apprendrait bientôt que tout ce qui a lieu maintenant n'est que la nouvelle édition d'un vieux côté de l'histoire, étudié par des esprits hardis, à un degré qui porterait bien haut le crédit de ces vieux sages si clairvoyants, parce qu'ils se sont élevés au-dessus des préjugés étroits de leur siècle, et semblent avoir étudié le sujet en question dans des proportions qui, sous plusieurs rapports, dépassent de beaucoup nos connaissances actuelles.

Je suis, Monsieur, etc.

CROMWELL F. VARLEY.

C

Lettre de M. Alfred Russell Wallace, à l'éditeur du Times.

Monsieur,

Puisque j'ai été désigné par plusieurs de vos correspondants comme un des hommes de science qui croient au Spiritualisme, peut-être me permettrez-vous d'établir brièvement sur quelle quantité de preuves ma croyance est fondée.

J'ai commencé mes recherches il y a environ huit ans, et je considère comme une circonstance heureuse pour moi, que les phénomènes merveilleux étaient à cette époque beaucoup moins communs et moins accessibles qu'ils ne le sont aujourd'hui, parce que cela m'a conduit à expérimenter sur une large échelle, dans ma propre maison et en société d'amis en qui je pouvais avoir pleine confiance; j'ai eu ainsi la satisfaction personnelle de démontrer, à l'aide d'une grande variété d'épreuves rigoureuses, l'existence de bruits et de mouvements qui ne peuvent s'expliquer par aucune cause physique connue ou concevable.

Ainsi familiarisé avec ces phénomènes dont la réalité ne laisse aucun doute, j'ai été à même de les comparer avec les plus puissantes manifestations de plusieurs médiums de profession, et j'ai pu reconnaître une indentité de cause entre les uns et les autres, en raison de ressemblances peu nombreuses, mais très-caractéristiques.

Il m'a été également possible d'obtenir, grâce à une patiente observation, des preuves certaines de la réalité de quelques-uns des phénomènes les plus curieux, preuves qui m'ont paru alors et me paraissent encore aujourd'hui tout à fait concluantes.

Les détails de ces expériences exigeraient un volume, mais peut-être me sera-t-il permis d'en décrire une brièvement d'après des notes prises au moment même, afin de montrer, par un exemple, comment on peut se mettre à l'abri des fraudes, dont un observateur patient est souvent victime sans s'en douter.

Une dame qui n'avait jamais vu aucun de ces phénomènes nous pria, ma sœur et moi, de l'accompagner chez un médium de profession bien connu; nous y allâmes et nous eûmes une séance particulière, en pleine lumière, par une journée d'été.

Après un grand nombre de mouvements et de coups frappés comme d'habitude, notre amie demanda si le nom de la personne défunte avec laquelle elle désirait entrer en communication pouvait être épelé. La réponse ayant été affirmative, cette dame pointa successivement les lettres d'un alphabet imprimé, pendant que je notais celles auxquelles correspondaient les trois coups affirmatifs.

Ni ma sœur ni moi ne connaissions le nom que notre amie désirait savoir, et nous ignorions également les noms de ses parents défunts; son propre nom n'avait pas été prononcé, et elle n'avait jamais vu le médium auparavant.

Ce qui va suivre est le compte-rendu exact de ce qui

se passa ; j'ai seulement altéré le nom de famille, qui n'est pas très-commun, n'ayant pas l'autorisation de le publier.

Les lettres que je notai furent : Y. R. N. E. H. N. O. S. P. M. O. H. T.

Dès que les trois premières lettres Y. R. N. furent notées, mon amie dit : *C'est un non-sens ; il vaudrait mieux recommencer.* Juste à ce moment, son crayon était sur la lettre E, et des coups furent frappés : une idée me vint alors (ayant lu un fait pareil sans en avoir jamais été témoin), et je dis : *Continuez, je vous prie, je crois deviner ce que cela veut dire.*

Lorsque mon amie eut fini d'épeler, je lui présentai le papier, mais elle n'y vit aucun sens ; j'opérai une division après la première lettre H, et je priai cette dame de lire chaque portion à l'envers. Alors apparut, à son grand étonnement, le nom correctement écrit de « Henry Thomson, » son fils, décédé, dont elle avait souhaité d'être informée.

Justement à cette époque, j'avais entendu parler à satiété (*ad nauseam*) de l'adresse merveilleuse des médiums pour saisir les lettres du nom attendu par les visiteurs dupés, malgré tout le soin qu'ils prennent pour passer le crayon sur les lettres avec une régularité parfaite.

Cette expérience (dont je garantis l'exacte description faite dans le récit précédent) était et est, à mon sens, la réfutation complète de toutes les explications présentées jusqu'ici au sujet des moyens employés pour indiquer par des coups les noms des personnes décédées.

14

Sans doute, je ne m'attends pas à ce que les gens
sceptiques, qu'ils s'occupent ou non de science, ac-
ceptent de tels faits dont je pourrais d'ailleurs citer
un grand nombre, d'après ma propre expérience;
mais ils ne doivent pas plus, de leur côté, s'attendre
à ce que moi ou des milliers d'hommes intelligents,
à qui des preuves aussi irrécusables ont été données,
nous adoptions leur mode d'explication court et facile.
Si je ne vous dérobe pas une trop grande partie de
vos précieux instants, je vous ferai encore quelques
observations sur l'idée fausse que se font un grand
nombre d'hommes de science, quant à la nature de
cette recherche, et je prendrai pour exemple les lettres
de votre correspondant M. Dircks. En premier lieu,
il semble considérer comme un argument contre la
réalité de ces manifestations l'impossibilité où l'on se
trouve de les produire et de les montrer à volonté;
un autre argument contre ces faits est tiré de ce qu'ils
ne peuvent être expliqués par aucune loi connue. Mais
ni la catalepsie, ni la chute des pierres météoriques, ni
l'hydrophobie ne peuvent être produites à volonté ; cependant ce sont des faits. Le premier a été quelquefois simulé, le second a été nié autrefois, et les symptômes du troisième ont été souvent grandement exagé-
rés ; aussi nul d'entre ces faits n'est encore admis
définitivement dans le domaine de la science, et cependant personne ne se servira de cet argument pour refuser de s'en occuper .

En outre, je ne me serais pas attendu à ce qu'un
homme de science pût motiver son refus d'examiner le

Spiritualisme, sur ce qu'il est *en opposition avec toutes les lois naturelles connues, spécialement la loi de gravitation, et en contradiction ouverte avec la chimie, la physiologie humaine et la mécanique;* tandis que les faits ne sont simplement que des phénomènes (s'ils sont réels) dépendant d'une ou de plusieurs causes, capables de dominer ou de contrarier l'action de ces différentes forces, exactement cemme ces dernières contrecarrent ou dominent d'autres forces. Et cependant, ceci devrait être fort stimulant pour engager un homme de science à examiner ce sujet.

Je ne prétends pas moi-même au titre de *véritable homme de science;* cependant il y en a plusieurs qui méritent ce nom, et qui n'ont point été mentionnés par vos correspondants comme étant en même temps Spiritualistes.

Je considère comme tels : feu le Dr Robert Chambers ; le Dr Elliotson ; le professeur William Gregory, d'Edimbourg, et le professeur Hare, de Philadelphie, — tous malheureusement décédés ; ainsi que le Dr Guilly, de Malvern, savant médecin, et le juge Edmonds, un des meilleurs juriconsultes de l'Amérique (1), qui ont fait à ce sujet les plus amples recherches. Tous ces hommes, non-seulement étaient convaincus de la réalité des faits les plus merveilleux ; mais de plus, ils acceptaient la théorie du Spiritualisme moderne, comme seule capable d'englober tous ces

(1) Le juge Edmond est également décédé depuis la publication de cette lettre.   T. P.

faits et d'en rendre compte. Je connais aussi un physiologiste vivant, placé dans un rang élevé, qui est en même temps un investigateur original et un ferme croyant.

Pour conclure, je puis dire que, quoique j'aie entendu un grand nombre d'accusations d'imposture, je n'en ai jamais découvert moi-même, et quoique la plus grande partie des phénomènes les plus extraordinaires si ce sont des impostures, ne puissent être produits que par des machines ou des appareils ingénieux, on n'a encore rien découvert.

Je ne crois pas exagérer en disant que les principanx faits sont maintenant aussi bien établis et aussi faciles à vérifier que tout autre phénomène exceptionnel de la nature, dont on n'a pas encore découvert la loi.

Ces faits sont d'une grande importance pour l'interprétation de l'histoire qui abonde en récits de faits semblables, ainsi que pour l'étude du principe de la vie et de l'intelligence sur lequel les sciences physiques jettent une lumière si faible et si incertaine. Je crois fermement et avec conviction que chaque branche de la philosophie doit souffrir jusqu'à ce qu'elle soit honnêtement et scrupuleusement examinée, et traitée comme constituant une partie essentielle des phénomènes de la nature humaine.

Je suis, Monsieur, votre très-obéissant,

ALFRED R. WALLACE.

D

Notes de William Crookes, sur le résultat de ses recherches expérimentales relatives à la force physique et aux phénomènes du spiritisme (1).

. . . .

Les phénomènes que je viens attester sont extraordinaires; ils sont si directement opposés aux articles de croyances scientifiques les plus accrédités — (entre autres l'ubiquitaire et invariable action de la loi de gravitation) — que, même en me rappelant les détails de ce que j'atteste, dans mon esprit il y a une lutte entre ma *raison*, qui prononce que c'est scientifiquement impossible, et ma *conscience* qui me dit : que mes sens, ma vue et mon toucher (d'accord comme ils l'étaient avec les sens des personnes présentes) ne sont point un témoignage mensonger, même quand ils protestent contre mes préjugés.

Supposer qu'une espèce de folie soit venue, tout à coup, frapper une grande réunion de personnes intelligentes, qui s'accordent jusque dans les plus petits

(1) Voir pour plus de détails le livre intitulé : *Recherches sur les phénomènes du spiritualisme;* par William Crookes, membre de la société royale de Londres, traduit de l'anglais, par Alidas. Paris, librairie des sciences psychologiques, n° 5, rue Neuve-des-Petits-Champs, Paris.

14.

détails du fait dont elles sont les témoins, semble
encore beaucoup plus inadmissible que le fait qu'elles
attestent; et puis, le sujet est beaucoup plus difficile et
plus vaste qu'il ne paraît au premier abord. Il y a
quatre ans, je résolus de consacrer un ou deux mois
à l'étude de certains phénomènes dont j'avais entendu
beaucoup parler, et qui pouvaient soutenir un examen
sérieux. J'arrivai bientôt à cette conclusion de tout
examinateur impartial : « Là, il y a quelque chose. »
Je ne pouvais, en ma qualité d'étudiant des lois de la
nature, ne pas continuer mes recherches, quoique ne
sachant point où elles pouvaient me conduire; les mois
que je devais y consacrer devinrent quelques années,
et si mon temps m'appartenait complétement, il est
probable que cela durerait encore.

...Je vais maintenant faire la classification des phénomènes dont j'ai été témoin, en procédant des plus simples aux plus compliqués, et en donnant, dans chaque
chapitre, une esquisse des faits que je me prépare à
développer dans un volume où je donnerai tous les détails, tous les contrôles que j'ai adoptés, toutes les précautions que j'ai prises, les noms des témoins, etc., etc.
Mes lecteurs ne doivent pas oublier que, à l'exception
de quelques faits déjà mentionnés, toutes les manifestations ont eu lieu *dans ma propre maison, à la lumière* et en présence de quelques-uns de mes amis
et du médium.

1ʳᵉ CLASSE. — *Mouvements de corps pesants avec
contact, mais sans interruption mécanique.* — C'est
une des plus simples formes observées, dans ces phé-

nomènes. Elle varie en degrés depuis le tremblement ou la vibration de la chambre et de ce qu'elle contient au soulèvement complet en l'air d'un corps pesant jusqu'à quand la main est placée dessus.

2ᵉ CLASSE. — *Phénomènes de percussion et assemblage de sons.* — Le nom populaire de : *Coups frappés* donne une fausse impression de cette classe de phénomènes. Différentes fois, pendant mes expériences, j'ai entendu des coups si délicats, qu'ils paraissent être frappés avec la pointe d'une épingle, une cascade de sons aigus, comme si une cohue s'élevait tout à coup, des détonations dans l'air, des bruits métalliques très-aigus, des craquements comme ceux que produit une machine à frottement quand elle est en mouvement, des sons comme des grattements, des espèces de ricanements d'oiseaux moqueurs, etc., etc., etc.

J'ai entendu des sons produits de cette manière : dans un arbre vivant, dans un morceau de verre, dans un fil de fer tendu, dans un tambourin, dans l'intérieur d'une voiture, dans le parquet d'un théâtre. Le contact même n'est pas toujours nécessaire pour la production de ces bruits, je les ai entendus sortant des parquets, des murs, etc., etc., etc. Quand les mains et les pieds du médium étaient attachés ; quand il était assis sur une chaise sans faire aucun mouvement ; quand il était dans une balançoire suspendue au plafond ; quand il était dans une cage ; quand il était étendu et en catalepsie sur un canapé ; enfin, je les ai entendus dans un harmonium, je les ai sentis sortant de mon épaule, de ma main, etc. Je les ai perçus dans une feuille de papier tenue entre les doigts par un bout de fil passé dans un coin de la feuille. Avec la parfaite connaissance des nombreuses théories qui ont été faites, particulièrement en Amérique, pour expliquer ces sons, je les ai éprouvés, contrôlés, examinés jusqu'à ce qu'il n'y ait plus un doute possible sur leur identité et jusqu'à ce qu'il soit impossible d'admettre l'intervention d'aucun artifice ou moyens mécaniques.

Une question importante se présente ici, d'elle-même : *Ces sons et ces mouvements sont-ils gouvernés par une certaine intelligence?* — J'ai remarqué, depuis le commencement de mes recherches, que la puissance qui produit ces sons n'est point sûrement une force aveugle, mais qu'elle est associée, ou plutôt gouvernée par l'intelligence; ainsi, les sons dont je viens de parler ont été répétés un certain nombre de fois déterminé, ils sont devenus forts ou faibles, se sont produits dans différents endroits, suivant les demandes qui leur en ont été faites. Et, au moyen de certains signes définis à l'avance, des questions, des réponses et des messages ont été donnés avec plus ou moins d'exactitude.

L'intelligence gouvernant ces phénomènes est fréquemment en opposition avec les désirs du médium, quand une détermination a été exprimée de faire quelque chose qui ne peut être considérée comme raisonnable; j'ai vu plusieurs messages donnés pour engager à ne point faire ces choses. Cette intelligence prend quelquefois un caractère tel, qu'il est impossible de ne pas voir qu'elle ne pourrait émaner d'aucune des personnes présentes.

3e CLASSE. — *Altération du poids des corps.* — J'ai déjà décrit dans un journal les expériences que j'ai faites à ce sujet sous des formes différentes et avec différents médiums. Je n'insisterai donc point davantage sur ce point.

(Voir la *Revue spirite* de 1872, page 215 et *Recherches sur les phénomènes du spiritualisme.*)

4e CLASSE. — *Mouvements de substances lourdes, à une certaine distance du médium.* — Les phénomènes où des corps lourds, tels que des tables, des chaises, des canapés, ont été mus quand le médium n'y touchait pas, sont très-nombreux; je mentionnerai brièvement quelques-uns des plus frappants. Ma propre chaise a été entraînée à faire une espèce de cercle, mes pieds ne posaient point sur le plancher; toutes les personnes présentes à une séance ont vu avec moi une chaise venir depuis un coin assez éloigné de l'appartement où nous étions jusqu'à la table; dans une autre circonstance, elle s'approcha jusqu'à l'endroit où nous étions et, à ma demande, retourna lentement à sa place.

5e CLASSE. — *Les tables et les chaises enlevées de terre sans le contact d'aucune personne.* — Dans cinq occasions séparées, une table de salle à manger très-lourde s'éleva à un pied et demi du sol, dans des conditions qui rendaient toute supercherie impossible; une autre fois, une table très-lourde s'éleva du sol, en pleine lumière, pendant que je tenais les mains et les pieds du médium, etc. Une autre fois, encore, la table s'éleva du sol, non-seulement sans que personne n'y ait touché, mais dans des conditions qui rendaient toute espèce de doute impossible.

6e CLASSE. — *Enlèvements de corps humains.* — Je vis une fois une chaise, sur laquelle une dame était assise, s'élever à plusieurs pouces du sol ; dans une autre occasion, pour éviter tout soupçon, cette dame s'agenouilla sur la chaise, de façon que ses quatre pieds fussent complétement visibles ; alors cette chaise s'éleva à environ trois pouces, demeura suspendue à peu près pendant dix secondes et redescendit lentement. Une autre fois, en plein jour, deux enfants s'élevèrent du sol avec leurs chaises sous les conditions, pour moi, les plus satisfaisantes, car j'étais agenouillé, regardant avec la plus grande attention les pieds de la chaise, observant que personne n'y puisse toucher.

Les cas d'enlèvement les plus frappants qu'il m'ait été donné de voir ont été ceux de M. Home. Dans trois circonstances, je l'ai vu complétement s'élever du plancher de l'appartement : 1o assis dans un fauteuil ; 2o agenouillé sur sa chaise ; 3o debout.

Il y a au moins cent cas d'enlèvement de M. Home en présence d'une grande quantité de personnes, et je l'ai entendu attester par des témoins irrécusables : (le comte de Dunraven, lord Lindsay et le capitaine C. Wynne, qui m'ont raconté les moindres détails des manifestations dont ils ont été témoins.). Rejeter l'évidence de ces phénomènes serait rejeter tout témoignage humain, quel qu'il fût, car aucun fait, soit dans l'histoire sacrée, soit l'histoire profane, n'a été confirmé et attesté par une plus grande quantité de preuves.

7e CLASSE. — *Mouvement de divers corps de petit volume sans le contact d'aucune personne.* — Sous ce titre, je me propose de décrire quelques phénomènes spéciaux dont j'ai été témoin. Je ferai allusion seulement à quelques-uns des faits, qui, je me le rappelle parfaitement, ont tous eu lieu dans des conditions qui rendaient toute supercherie impossible. Il serait vraiment insensé d'attribuer ces résultats à la ruse, car je rappellerai encore à mes lecteurs que ce que je rapporte ne s'est pas accompli dans la maison d'un médium, mais dans ma propre maison, où toute espèce de préparation était complétement impossible. Un médium marchant dans ma salle à manger ne peut pas, pendant que moi et les assistants, assis à l'autre extrémité de la chambre, le surveillons avec la plus grande attention, faire jouer, à l'aide d'un moyen quelconque, un accordéon que je tiens moi-même, les touches renversées, ou faire flotter pour ainsi dire ce même accordéon tout autour de la chambre en jouant tout le temps; il ne peut pas non plus lever les rideaux des fenêtres, élever les jalousies jusqu'à huit pieds de haut; faire un nœud à un mouchoir et le placer dans un coin éloigné de l'appartement; frapper des notes sur un piano éloigné; faire flotter autour de l'appartement un porte-cartes; enlever une carafe et un verre de dessus la table; faire mouvoir un éventail et éventer toute la société; arrêter le mouvement d'une pendule enfermée soigneusement dans une vitrine attachée à la muraille; etc...

8e CLASSE. — *Apparitions lumineuses.* — Ces phé-

nomènes, étant assez faibles, demandent généralement que la chambre soit dans l'obscurité; ai-je
besoin de certifier à mes lecteurs que toutes les plus
strictes précautions avaient été prises, par moi, pour
empêcher qu'on ne pût attribuer ces lueurs à de l'huile
phosphorée ou à d'autres moyens? De plus, je dois
ajouter que j'ai essayé bien des fois à imiter ces lumières
et que je n'ai rien obtenu.

9e CLASSE. — *Apparitions de mains lumineuses
par elles-mêmes ou visibles à l'aide de la lumière.* —
Des attouchements donnés par des mains invisibles sont
fréquemment ressentis dans des séances données dans
l'obscurité ; mais bien plus rarement j'ai vu les mains;
je ne parlerai cependant, ici, que des cas où je les ai
vues avec la lumière.

Une charmante petite main s'éleva d'une table de
salle à manger et me donna une fleur ; cette main apparut et disparut trois fois, me donnant la facilité de
me convaincre qu'elle était aussi réelle que la mienne.
Cela eut lieu avec la lumière, dans ma propre chambre, pendant que je tenais les pieds et les mains du
médium.

Une autre fois, une petite main et un petit bras,
qui paraissaient appartenir à un enfant, apparurent
jouant sur une dame qui était assise près de moi;
puis, ensuite, ils vinrent frapper mon bras et tirer
mon habit à plusieurs reprises.

Une autre fois, un doigt et un pouce furent aperçus
effeuillant une fleur que M. Home portait à sa bou-
tonnière et posant chaque pétale en face de plusieurs
personnes qui étaient assises près de lui.

Une main fut plusieurs fois vue, par moi et d'autres personnes, jouant de l'accordéon. Pendant ce temps, les mains du médium étaient tenues par les personnes assises près de lui.

Les mains et les doigts ne m'ont pas toujours semblé être solides et animés. Quelquefois, vraiment, ils ressemblaient plutôt à une apparence nébuleuse, condensée en partie, de façon à prendre la forme d'une main. Ces phénomènes ne sont pas toujours également visibles pour toutes les personnes présentes. Par exemple : on voit une fleur ou un autre petit objet se mouvoir ; une personne présente verra un nuage lumineux voltiger au-dessus ; une autre apercevra une main fluidique, pendant que les autres ne verront que le mouvement de la fleur.

J'ai vu plus d'une fois, d'abord remuer un objet, puis une forme nuageuse apparaître, et enfin le nuage se condenser de façon à représenter une main parfaitement formée. Dans ce cas, la main est visible pour toutes les personnes présentes. Ce n'est pas toujours une simple forme, mais quelquefois l'apparition d'une main parfaitement animée et gracieuse ; les doigts meuvent et la chair paraît être aussi humaine que celle de toutes les personnes présentes. Au poignet ou bras, cela devient nébuleux et se confond dans une espèce de nuage lumineux.

Parfois ces mains m'ont paru froides comme de la glace et mortes ; d'autres fois, chaudes et vivantes, serrant avec la pression chaleureuse d'un vieil ami.

Une fois, j'ai retenu une de ces mains, résolu à ne

15

point la laisser échapper. Cette main ne fit aucun effort pour se dégager, mais je sentis qu'elle se réduisait en vapeur et se dégageait de mon étreinte.

10e CLASSE. — *Écriture directe.* — Cette dénomination est employée pour désigner une écriture qui n'est produite par aucune des personnes présentes. J'ai eu souvent des mots écrits sur du papier timbré à mon chiffre, sous le plus strict contrôle possible, et 'ai entendu le crayon remuer dans l'obscurité.

Ces cas, grâce aux précautions que j'avais prises pour m'assurer de leur identité, m'ont convaincu tout aussi bien que si j'avais vu l'écriture se former; mais l'espace ne me permet pas d'entrer dans tous les détails, je me bornerai donc à mentionner deux circonstances dans lesquelles mes yeux aussi bien que mes oreilles ont été les témoins de l'opération.

La première de ces opérations eut lieu, à la vérité, dans une séance obscure, mais le résultat n'en fut pas moins satisfaisant ; j'étais assis auprès du médium, miss Fox ; les seules personnes présentes étaient ma femme et une dame de nos connaissances. Je tenais les deux mains du médium dans une des miennes, pendant que ses pieds étaient posés sur les miens. Le papier était sur la table, devant nous, et ma main inoccupée tenait un crayon.

Une main lumineuse descendit de l'endroit le plus élevé de la chambre, et après avoir plané quelques secondes au-dessus de moi, prit le crayon de ma main, écrivit rapidement sur une feuille de papier, rejeta le crayon et s'éleva au-dessus de nos têtes en s'évanouissant graduellement....

11e CLASSE. — *Fantômes, formes, figures.* — Ce sont les cas les plus rares. Les conditions requises pour ces apparitions sont si délicates, que la moindre des choses empêche cet ordre de manifestations. Je mentionnerai simplement deux cas.

Au déclin du jour, pendant une séance de M. Home chez moi, les rideaux d'une fenêtre située à peu près à 8 pieds loin de M. Home, s'agitèrent ; puis une forme d'homme, d'abord obscure, ensuite un peu éclairée, puis enfin demi-transparente, fut vue par tous les assistants, agitant les rideaux avec sa main. Pendant que nous la regardions, cette forme s'évanouit, et les rideaux cessèrent de se mouvoir.

Le fait suivant est encore plus frappant : comme dans le premier cas, M. Home était le médium ; la forme d'un fantôme vint d'un coin de la chambre, prit un accordéon et glissa dans l'appartement en jouant de cet instrument ; toutes les personnes présentes virent cette forme pendant plusieurs minutes. — Venant à s'approcher très-près d'une dame qui était assise un peu plus loin que les autres assistants, le fantôme s'évanouit après un petit cri de cette dame. — Pendant ce temps M. Home était aussi parfaitement visible.

12e CLASSE. — *Différents cas prouvant l'intervention d'une intelligence extérieure.* — Il a été déjà démontré que ces phénomènes sont gouvernés par une intelligence. La question, maintenant, est de savoir quelle est la source de cette intelligence : Est-ce l'intelligence du médium ou celle d'une autre personne présente ? ou bien, est-ce une intelligence extérieure ?

Sans parler positivement sur ce point, je puis dire que, pendant mes observations, plusieurs circonstances paraissent montrer que la volonté et l'intelligence du médium contribuaient beaucoup au phénomène; j'ai observé que certains cas prouvent, d'une façon concluante, l'intervention d'une intelligence extérieure, ne pouvant appartenir à aucune des personnes présentes.....

CONCLUSION

Le silence n'est plus de mise devant une doctrine qui compte ses adeptes par millions et se trouve déjà répandue sur toute la surface de la terre.

Le dédain ne saurait se justifier à l'endroit d'une croyance qui est au bout du compte, plus ancienne, plus naturelle et plus raisonnable qu'aucun des dogmes constituant les religions qui ont existé ou existent encore dans le monde, y compris le christianisme.

D'ailleurs le silence et le dédain ne sauraient se justifier vis-à-vis du spiritisme, à une époque qui a horreur de la métaphysique et ne veut que des faits sensibles, alors que le spiritisme, se présente avec des masses de faits et permet de transporter, sur le terrain de l'expérience, des notions qui n'ont appartenu jusqu'ici qu'à l'idée pure et au mysticisme religieux.

Enfin on ne croit plus à la parole des prêtres ; mais on a confiance dans celle des savants.

Bien que le témoignage des hommes de science, lorsqu'il s'agit de faits qui tombent sous les sens, ne vaille pas plus que le témoignage de toutes personnes de bon sens et de bonne foi, il est certain qu'il est des sciences qui exigent de la part de

ceux qui les cultivent avec succès, une rigueur
d'observation et de méthode que l'on ne trouve
pas au même degré chez le vulgaire. Telles sont
les diverses branches de la physique et de la chimie, de la physiologie et de l'histoire naturelle.

Ce sont des témoignages de ce genre que nous
avons invoqués dans la discussion qui précède et
dans les documents que nous avons mis sous les
yeux du lecteur.

Après les déclarations de savants tels que Zœllner, G. Weber, Th. Fechner en Allemagne, W.
Crookes, A. R. Wallace, C. F. Varley en Angleterre, il est impossible aux plus incrédules de nier
la réalité des faits de nature psychique.

Cependant si ces faits sont réels, les rapports du
physique et du moral seront compris autrement
que par le passé. C'est toute une révolution scientifique et philosophique : c'est-à-dire quelque
chose de tout autrement important qu'une révolution politique et d'une portée bien plus étendue,
puisqu'elle intéresse l'humanité entière dans l'ensemble de ses rapports.

Il s'agit pour le monde physique, de la découverte d'une force inconnue jusqu'ici et non utilisée
encore parce qu'on en ignore les lois ; et pour le
monde moral de la solution du plus grand problème qui se soit posé de tout temps à l'esprit humain : celui de la vie future.

C'est pourquoi *les savants* qui ne se donnent
pas la peine d'examiner les faits, alors que les

faits se présentent comme tous les autres phénomènes servant de base aux sciences naturelles, ces
savants ne font pas leur devoir.

On peut en dire autant des *philosophes* qui
nient *à priori* ces phénomènes et ne veulent pas
en tenir compte parce qu'ils viennent déranger
leurs théories matérialistes ou spiritualistes, et
troubler leur quiétude intellectuelle.

Ni les premiers ne méritent d'être salués du nom
de *savants*, ni les seconds, d'être honorés du titre
de *philosophes*.

Le vrai savant est celui qui, connaissant les
limites et les incertitudes de son savoir, sait au
moins cela : que la science ne marche qu'en se rec-
tifiant sans cesse.

Le philosophe est cet honnête homme qui cherche le vrai en toutes choses et préfère la vérité
même à sa place, à son amour-propre, à sa vie, à
sa fortune.

Quant à ces écrivains, plus ou moins farcis de
science et frottés de philosophie qui, trouvent que
cela est indifférent pour l'homme et pour la société
que le champ de la science s'élargisse, que la psychologie acquière des bases positives et que la
morale trouve dans l'assurance d'une vie future
des mobiles d'action et une sanction effective, que
peut-on dire d'eux pour être poli et se montrer fra-
ternel ? Ce que dit Dante :

Non ragionam di lor; ma guarda et passa.
Ne parlons plus d'eux ; mais regarde et passe.

TABLE DES MATIÈRES

Paris, typ. de M. Décembre, 326, rue de Vaugirard.

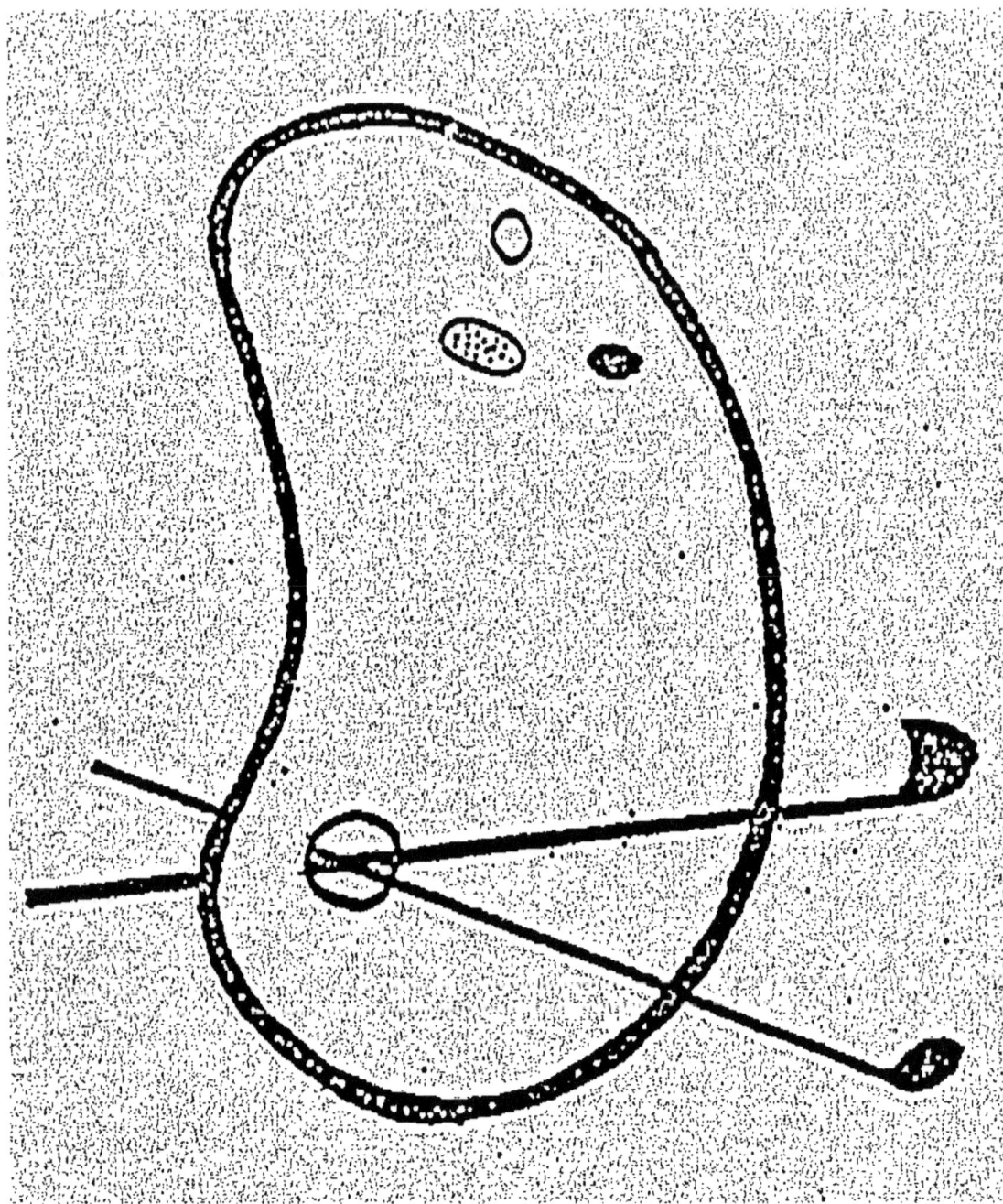

www.ingramcontent.com/pod-product-compliance
Lightning Source LLC
Chambersburg PA
CBHW072026080426
42733CB00010B/1820